L'ÉVASION GOURMANDE

de Germaine PLANSON

Editions ART ET COMEDIE
2, rue des Tanneries
75013 PARIS

NOTE SUR L'AUTEUR

Après avoir joué la comédie pendant une trentaine d'années avec la troupe locale de son village, Germaine Planson dont le stylo la démangeait depuis longtemps s'est essayée à la comédie avec *Au repos du guerrier*. Encouragée par le succès de celle-ci, elle a écrit *Harakiri à la francçaise*. *L'évasion gourmand* est sa dernière née. Elle n'a reçu aucune formation littéraire mais possède une imagination débordante.

LES PERSONNAGES

CORINNE, patronne du restaurant

COLETTE, sœur de Corinne

SIDONIE, cuisinière du restaurant

VINCENT, jeune poète

CAMILLE, serveuse

MARCEL, bandit

ROGER, comparse de Marcel

MAULT, gastronome

GUILLOT, gastronome

THÉRÈSE

ACTE I

Corinne, patronne, de l'établissement est au téléphone.

CORINNE - Pour le 13 juin bien sûr, soixante-dix personnes, c'est tout à fait possible. Oui… oui… ma sœur et moi allons préparer un menu et lorsque vous viendrez nous examinerons les détails. C'est ça au revoir madame.

Sur les dernières paroles de Corinne, entre Colette.

COLETTE - Qui était-ce ?

CORINNE - La famille Duraton, leur fille se marie !

COLETTE - Sandrine ?

CORINNE - Oui, Sandrine ils n'ont que cette fille là.

COLETTE - Elle a trouvé à se marier cette croqueuse d'hommes, tous les gars de la région sont entrés dans son lit, qui a bien pu vouloir d'elle ?

CORINNE - Un garçon du Sud, de Pau m'a dit sa mère. Mais qu'est-ce que ça peut te faire. Elle ne t'a pas

7

pris ton mari, tu n'en as pas.

COLETTE - À qui la faute ?

CORINNE - À moi peut-être ?

COLETTE - Parfaitement, tu n'as jamais voulu que j'épouse Rémi.

CORINNE - C'était un bon à rien, tu n'aurais pas été heureuse avec lui. Moi non plus je ne me suis jamais mariée et crois bien que je ne le regrette pas. Tu n'es pas bien avec moi ?

COLETTE - Si… Si…

CORINNE - Eh bien alors, de quoi te plains-tu ? Tu ferais mieux de penser au menu du mariage des Duraton !

COLETTE - Tu as raison. À quoi bon ressasser le passé et puis j'ai passé l'âge de rencontrer le prince charmant !

CORINNE - Le prince charmant n'existe pas, c'est comme l'homme parfait, tout ça c'est du domaine de l'utopie.

COLETTE - Dommage, j'aurai aimé avoir des enfants.

CORINNE - Pour les élever seule ! Tu as vu notre mère ? Il a fallu qu'elle trime comme une damnée toute sa vie. Non, non crois-moi les hommes c'est plein de défauts, ou ça boit, ou c'est flemmard, ou ça te trompe, ou ça te tape dessus, quand c'est pas tout à la fois.

Entre Sidonie, la cuisinière.

SIDONIE - Mââme Corinne, Mââme Colette, je

reviens de chez le boucher, j'ai appris une nouvelle ! Ben oui il me fallait des entrecôtes : " elles sont trop minces vos entrecôtes " que je lui ai dit, il me répond que je suis comme son neveu, vous savez, Guillaume qui travaille chez...

CORINNE - On s'en moque du neveu du boucher, cette nouvelle c'est quoi ?

SIDONIE - Attendez, j'y viens, figurez-vous que sa femme a vu à travers sa vitrine, faut vous dire aussi que c'est le plus fort de son travail, de regarder par sa vitrine, elle a une langue de vipère, c'est pas croyable, elle ferait battre des...

CORINNE - Bon, écoutez Sidonie, ou vous nous dites en deux mots la nouvelle que vous avez à nous annoncer, ou vous filez dans votre cuisine !

SIDONIE - C'est pas la patience qui vous étouffe vous, bon la bouchère a vu de ses yeux vu à travers sa vitrine les deux types qui mangent dans les restaurants et qui écrivent dans les livres, ce qu'ils en pensent.

COLETTE - Mault et Guillot, les gastronomes ?

SIDONIE - Je ne sais pas si y sont astronomes mais il paraîtrait d'après le boucher qui tient ça de l'épicière qui a une belle sœur qui a un restaurant à Belleville pas fameux entre nous, je serais elle je changerais de cuisinier...

CORINNE - Alors, d'après vous ils vont venir ?

SIDONIE - Si j'en crois les racontars, ça se pourrait, mais vous savez ce que c'est tout le monde bavarde et on ne sait jamais ce qu'il faut croire !

COLETTE - Il faut nous préparer à les recevoir, on ne sait jamais. Tu te rends compte Corinne, si on pouvait obtenir des étoiles dans leur guide !

SIDONIE - Il paraîtrait aussi, ça je vous le dis comme on me l'a servi, que c'est pas des étoiles qu'ils donnent pour des restaurants de campagne.

CORINNE - C'est quoi alors ?

SIDONIE - Des catins de maïs ! Bon je vais astiquer mes gamelles, on ne sait jamais si l'envie leur venait de visiter ma cuisine, il faut que ce soit nickel, pas comme chez ma voisine, où il y a tout qui traîne, qu'on n'arrive pas à mettre un pied devant l'autre. *(Elle dit tout ça en allant vers sa cuisine.)*

CORINNE - Bon il faut qu'on se prépare à recevoir Mault et Guillot, il faut que tout soit impeccable.

COLETTE - Parce que tu penses vraiment qu'ils vont venir ici ?

CORINNE - Et pourquoi pas ? Nous avons une excellente réputation dans la région. Tous les vacanciers viennent goûter nos spécialités locales.

COLETTE - C'est vrai, le *Cochon Solognot* est réputé pour sa cuisine et son accueil.

CORINNE - À ce sujet, tu vas mettre ta jupe noire et ton chemisier blanc pour le service.

COLETTE - Mais ils vont me prendre pour la serveuse.

CORINNE - Et alors ?

COLETTE - Mais je suis la patronne au même titre que toi !

CORINNE - Et alors ?

COLETTE - Alors, comme d'habitude tu auras toutes les félicitations et compliments et je resterai dans l'ombre. Il faudra que je m'estime heureuse s'ils me laissent un pourboire.

CORINNE - Et alors ?

COLETTE - Alors, pour une fois ce sera toi qui serviras et moi je superviserai.

CORINNE - Mais tu sais bien que tu fais le service beaucoup mieux que moi et que tu es plus souriante. Pourquoi changer alors que tout va si bien comme ça ?

COLETTE - Tout va bien tant que c'est toi qui commande et que je file doux.

CORINNE - Mais que t'arrive-t-il aujourd'hui ? D'habitude tu ne te plains de rien.

COLETTE - Il y a que j'en ai ras le bol, c'est toujours toi qui tranche, qui rogne, je n'ai qu'à dire amen.

CORINNE - J'en connais qui seraient ravis d'être à ta place. Tous les soucis sont pour moi, mais nous partageons les bénéfices en deux parts égales.

COLETTE - Encore heureux !

CORINNE - Arrêtons de nous chamailler, nous avons d'autres chats à fouetter ! Si Mault et Guillot arrivent pendant une dispute, on peut dire adieu à nos épis de maïs.

COLETTE - N'empêche que je ne retire rien de ce que j'ai dit.

CORINNE - C'est fini oui ?… Bon, maintenant pensons plutôt à ce que nous allons leur mettre dans l'assiette.

COLETTE - Nos spécialités évidemment !

CORINNE - Il va falloir que Sidonie se surpasse, et puis il nous faut des fleurs, faire des jolies tables...

Entre Vincent, jeune homme rêveur et poète.

VINCENT - Bonjour Corinne, bonjour Colette,

Ma mère, fermière à la Gorette

Demande si elle doit faire la fête

À quelques unes de ces bêtes

À l'occasion de l'arrivée

De nos fins gourmets

C'est Sidonie qui me l'a dit

Avant que je vienne ici !

CORINNE - Bonjour Vincent, s'il te plaît veux-tu parler normalement ?

VINCENT - Mais chère amie, je ne puis

Car poète je suis

Et je le resterai

Tant que je vivrai.

COLETTE - Bon d'accord, mais nous avons du mal à

te suivre. Il va nous falloir les meilleurs produits de ta mère, ses plus beaux légumes. *(Allant vers la cuisine.)* Sidonie ! Voulez-vous venir s'il vous plaît ? Elle te dira mieux que nous ce qu'il lui manque.

SIDONIE - Bonjour mon petit Vincent, comment ça va ? Toujours aussi mignon hein ? Ah ta mère a bien de la chance d'avoir un gamin comme toi, c'est pas à moi que ça arriverai, avec un bonhomme comme j'en ai un, tiens rien que d'y penser ça me file la chair de poule.

CORINNE - Eh bien n'y pensez plus et dites-nous plutôt ce qu'il vous manque.

SIDONIE - Madame, ça dépend du menu que vous voulez que je prépare, moi je fais ce qu'on me dit, je prends pas de décisions personnelles, c'est pas moi la patronne, c'est pas comme chez le boucher qui…

COLETTE - Sidonie nous voulons ce que vous faites de mieux avec les produits du terroir.

VINCENT - Dans le jardin de ma mère

Il y a de quoi faire

Vous avez des artichauts

Bien verts et bien gros

De très fins haricots

Des tomates et des poireaux

Des carottes et du céleri

Du cerfeuil et du persil

Des échalotes et des oignons

13

Du fenouil et des poivrons

Maintenant passez commande

Car je livre à la demande.

SIDONIE - Eh bien mon garçon, tu vas devenir quelqu'un, viens avec moi on va faire le tour du garde-manger.

VINCENT - Passez devant, je vous en prie

Très chère Sidonie.

SIDONIE - Il est charmant ce garçon

Il en fait-y des façons

C'est qui vous donnerait des leçons.

C'est pas vrai, mais qu'est-ce que je raconte, je vais quand même pas me mettre à causer comme lui.

Ils sortent.

CORINNE - Heureux ceux qui sont au royaume des fous.

COLETTE - C'est pour eux que tu dis ça ? C'est pas sympa.

CORINNE - Sympa ou pas, c'est comme ça, maintenant retire ces nappes, je vais chercher les plus jolies. *(Elle sort.)*

COLETTE *(tout en travaillant)* - Retire ces nappes, mets ton chemisier blanc et ta jupe noire, fais le service, n'oublie pas de sourire, ne te marie pas avec celui-là, ne te marie pas du tout d'ailleurs, j'en peux plus, j'ai envie de tout plaquer et d'aller… ah oui ! Aller où ? Je ne sais rien du monde, j'ai toujours été sous sa coupe. Eh bien tant pis, on va voir ce qu'on va voir. *(Remettant les nappes.)* Elle se débrouillera toute seule avec ses Mault et Guillot et ses hypothétiques épis de maïs.

CORINNE *(entre, des nappes sur le bras)* - Je t'avais dit de retirer les nappes ! Allez, grouille-toi !

COLETTE - Non, j'ai pas envie !

CORINNE - Voilà que ça la reprend, arrête tes gamineries, ce n'est pas le jour.

COLETTE - Ah si c'est le jour, débrouille-toi ma vieille, je prends mon sac et mon chapeau et je m'en vais.

CORINNE - Et où vas-tu ?

COLETTE - Je ne sais pas… Droit devant moi.

CORINNE - C'est ça, en revenant rapporte des fleurs.

COLETTE - Tu n'y crois pas, hein ?

CORINNE - Mais bon sang, qu'as-tu donc dans la tête aujourd'hui ? Tu lis trop de romans ou quoi ? Barbara Cartland, c'est bon quand on a quinze ans !

COLETTE - J'ai que j'en ai marre de toi. J'ai l'impression d'être dans une caserne avec un adjudant sur les talons. *(Elle sort.)*

CORINNE - Il ne manquait plus que ça ! Quelle mouche la pique ? Bon, je fais face comme d'habitude. *(Elle retire les nappes et en met de nouvelles tandis que Colette passe avec son sac et son chapeau.)*

COLETTE - Bon courage ma vieille.

CORINNE - Et elle se fout de moi en plus. Colette, viens ici... Colette... Elle est partie, elle est folle, complètement folle.

Vincent et Sidonie reviennent.

SIDONIE - Voilà ça y est, on a fait le tour d'horizon avec le gamin. Je lui ai fait ma liste. Ah ça va vous coûter des sous, mais il faut ce qu'il faut n'est-ce pas ? On ne peut pas recevoir du monde avec rien. Ben, vous en faites une tête, on dirait qu'il vous est arrivé une tuile.

CORINNE - Je ne sais pas par quelle mouche ma sœur a été piquée, mais la voilà partie fâchée en claquant la porte.

SIDONIE - Je parie que vous avez encore joué au commandant avec elle. Cette pauvre Colette, toujours à la pousser, la tirer, j'en parlais, l'autre jour avec une voisine qui...

CORINNE - Bon ça va, merci Sidonie, vos discours n'arrangent rien, il faut que je trouve quelqu'un pour le service avant l'arrivée de Mault et Guillot.

SIDONIE - Vous n'avez qu'à le faire vous-même !

CORINNE - Vous n'y pensez pas, je suis la patronne tout de même !

SIDONIE - Cette pauvre Colette aussi, pourtant elle fait le service, et puis vous ne savez pas s'ils vont venir ici les Mault et Guillot.

CORINNE - Il faut s'y préparer, bon, qu'avez-vous prévu comme plats ?

VINCENT - Si je puis me permettre

Pour remplacer Colette

Je vous propose Camille

Du pays la plus jolie fille

Et devant qui je bafouille

Quand elle me prend… pour une andouille.

CORINNE - Camille ? Cette gourgandine qui est habillée au ras du… *(Elle montre ses fesses.)* et décolletée jusqu'au nombril !

SIDONIE - Eh bien pendant que les Mault et Guillot regarderont ça, ils oublieront de mettre une mauvaise note à ma cuisine.

CORINNE - Après tout, je n'ai pas le choix.

SIDONIE - Et puis elle va revenir Mââme Colette, où voulez-vous qu'elle aille, elle nous fait un coup de calcaire mais elle va revenir.

VINCENT - Pour mon plus grand plaisir

Je vais l'avertir

Qu'elle doit venir

Vous aider à servir.

CORINNE - C'est ça ! Dieu qu'il m'agace à parler comme ça. *(Vincent sort.)* Bon, quant à vous parlez-moi de votre menu.

SIDONIE - Vous allez voir, je vais vous faire ça aux petits oignons. Pour commencer :

Rillettes de truite à la Solognote

Ecrevisses à la Solognote

Puis, poulets aux cèpes à la Solognote

Carré de porc au cidre à la Solognote

Fromage de Sologne

Et enfin gratin de fruits rouges à la Solognote.

CORINNE - On ne s'appelle pas *Au Cochon Solognot* pour rien avec des plats comme ça.

SIDONIE - On fait régional ou on fait pas. !

CORINNE - Bon vous pouvez attaquer. Quand aurez-vous vos provisions ?

SIDONIE - Rapidement, Vincent va prévenir la gamine, passer à la ferme et revenir avec le fourniment. Il est de bon service ce gamin, déjà tout petit quand il venait chez moi, eh bien il m'écossait mes petits pois !

CORINNE - Bon, bon, allez au fourneau.

SIDONIE *(en sortant)* - Bien mon capitaine, je vais aux corvées.

CORINNE - Camille !… *(Elle montre le décolleté et la jupe courte.)* Enfin… j'ai pas le choix. Oh, là, là, et je n'ai pas une fleur. *(Allant vers la cuisine.)* Sidonie ! Je vais chercher des fleurs, si quelqu'un arrive, faites patienter.

SIDONIE *(de sa cuisine)* - Vous en faites pas Mââme Corinne, ne vous en faites pas.

Corinne sort… Quelques instants et Sidonie sort de sa

cuisine affolée.

SIDONIE - V'là ben que j'ai plus de gaz et Mââme Corinne qu'est partie, et Mââme Colette qu'est pas là. Tant pis j'appelle le marchand de gaz, puisqu'il faut tout que je fasse ici. *(Au téléphone.)* Allô, Monsieur Ducloux ? Oui c'est Mââme Sidonie du *Cochon Solognot*, dites donc ça gaze plus ici. Vous pourriez pas me livrer une bonbonne ou deux… Ah oui… Tout de suite… Ah oui ça urge… On attend du monde, oui, les Mault et Guillot… Ah, vous êtes au courant ! Les nouvelles vont vite dites donc. Bon on cause, on cause, mais je n'ai pas que ça à faire… C'est ça, mettez ça sur le compte de Mââme Corinne, comme d'habitude. Au revoir Monsieur Ducloux, vous êtes bien aimable.

Pendant la conversation est entrée une femme, un grand panier à la main.

Madame, vous désirez ?

THÉRÈSE - Bonjour, je suis Thérèse Blizard de la ferme des Grands Vents. Puis-je parler au patron ?

SIDONIE - Ça va pas être commode, vu qu'ici il y a pas de patron mais deux patronnes, une qui a joué la fille de l'air et l'autre qui est partie acheter des fleurs. Je vais vous demander de patienter. Y'en a bien une qui va revenir… C'est quoi que vous leur voulez ?

THÉRÈSE - Je prospecte toute la région, afin de me faire connaître, mes produits et moi.

SIDONIE - Vos produits ?

THÉRÈSE - Oui, mes produits, que des produits

19

originaux et régionaux.

SIDONIE - Pour ça on n'a pas besoin de vous, on a ce qu'il faut.

THÉRÈSE - Ça ne fait rien, j'attends le patron.

SIDONIE - La patronne, je vous ai dit... *(Se dirigeant vers sa cuisine.)* mais elle va vous dire comme moi.

THÉRÈSE *(s'asseyant)* - On ne vous a jamais dit qu'il valait mieux s'adresser au bon Dieu qu'à ses saints ?

SIDONIE - Si, si, souvent. *(Elle sort.)*

Thérèse commence à sortir tous ses bocaux et étale le tout sur une table, tandis que Colette revient avec des fleurs.

COLETTE - Elle a raison ma sœur, sortie d'ici je suis perdue. Bonjour madame, vous désirez ?

THÉRÈSE - Je m'appelle Thérèse Blizard, je viens de la ferme des Grands Vents et je présente mes spécialités à tous les restaurants environnants. Puis-je voir la patronne ?

COLETTE - Ma sœur ? Elle ne vous a pas reçue ?

THÉRÈSE - Pas encore, je n'ai rencontré qu'une pie bavarde qui m'a demandé de patienter.

COLETTE - Alors patientez, c'est ce que vous avez de mieux à faire. *(Elle sort en laissant ses fleurs.)*

THÉRÈSE - C'est qui celle-là ? Elles sont bizarres là-dedans. *(Elle continue son déballage tandis que Camille entre habillée très sexy.)*

CAMILLE - Bonjour, vous me demandiez, me voilà, bonjour madame.

THÉRÈSE - Bonjour mademoiselle, je me présente Thérèse Blizard de la ferme des Grands Vents, je désire voir la patronne, est-ce vous ?

CAMILLE - Non, moi je suis l'extra. *(Tournant sur elle-même.)* N'est-ce pas que je suis extra ?

THÉRÈSE - Oui, oui

CAMILLE - Tous les garçons du village me le disent, mais ils ne m'intéressent pas, je veux aller à Paris suivre des cours de théâtre, faire du cinéma, vivre la vraie vie quoi !

THÉRÈSE - Oui, vous devez avoir raison... Et la patronne, quand puis-je la voir ?

CAMILLE - Laquelle ? Le chameau ou la colombe ?

THÉRÈSE - Comment ?

CAMILLE - Il y en a une qui est gentille et l'autre pas ! Et c'est la pas gentille qui commande, et que lui voulez-vous ? Lui vendre tout ça ?

THÉRÈSE - Eh oui, ce sont mes spécialités concoctées et fabriquées par moi-même ici présente.

CAMILLE - Ah bon ! Le mieux c'est de patienter, elle va sûrement arriver. *(Elle se dirige vers la cuisine en ondulant.)* Vous demandez Camille et Camille est là. *(Elle sort.)*

THÉRÈSE - Mais où suis-je tombée ? *(Remballant*

tout.) Je reviendrais un autre jour.

Au moment où Thérèse allait sortir, Corinne entre.

CORINNE - Bonjour madame, c'est moi qui vous fais fuir ?

THÉRÈSE - Pas du tout, mais personne ne peut me recevoir, alors je m'en allais.

CORINNE - Vous désiriez me voir ?

THÉRÈSE - Êtes-vous la patronne ?

CORINNE - Oui, je suis Corinne Dufour, puis-je vous rendre service ?

THÉRÈSE - Mais oui, bien sûr, mais êtes-vous le cham... enfin, la gent... non, la mech... *(Respirant et se reprenant.)* Bon en un mot êtes-vous celle qui commande ?

CORINNE - En un mot oui ! Que puis-je pour vous ?

THÉRÈSE - Je me présente Thérèse Blizard de la ferme des Grands Vents et je prospecte dans le département afin de faire connaître mes spécialités culinaires qui sont régionales et originales.

CORINNE - Hélas j'ai peu de temps à vous consacrer, j'attends Mault et Guillot, alors vous comprenez...

THÉRÈSE - J'en ai pour cinq minutes. *(Elle commence à déballer son panier tandis que Colette entre.)*

CORINNE - Te voilà revenue, tu as changé d'avis ! J'avais l'air fin tout à l'heure chez le fleuriste " mais Madame Colette est déjà passée " m'a-t-il dit. Tu aurais pu me prévenir !

COLETTE - C'est toi-même qui m'as demandé de rapporter des fleurs en revenant, eh bien je t'ai écoutée.

CORINNE - Alors, tu acceptes de faire le service ?

COLETTE - Non, je ne fais rien, je te regarde et puis Camille est arrivée, je l'ai entendue. *(Elle s'assied.)*

CORINNE - Tu ne vas pas rester là ?

COLETTE - Si.

THÉRÈSE - Je dérange peut-être ?

COLETTE - Pas du tout, tandis que ma sœur installera ses fleurs, je vais vous écouter.

THÉRÈSE *(mal à l'aise)* - Bon, alors comme je vous l'ai dit, voici ce que je fais. Tout d'abord je dois préciser que toutes les recettes sont inédites, il n'y a que moi qu'y en connaisse le secret, donc en hors-d'œuvre vous avez :

Terrine de pourpier à l'ail

Cous de merles farcis

Et pâté de hérissons.

COLETTE - Pour être original, c'est original.

CORINNE - Et c'est bon ça ?

THÉRÈSE - Excellent, vous voulez goûter ?

CORINNE - Non, non, pas le temps.

THÉRÈSE - Vous avez tort, ensuite, j'ai en plats de résistance :

Civet de ragondin… patates sautées

Pot au feu de corbeau… patates bouillies

Oreilles de cochon à l'oseille… purée

Mou de porc à l'échalote… patates.

CORINNE - Vous aimez ça les patates, dites-moi ?

THÉRÈSE - Mon mari en cultive quarante hectares, il faut bien les écouler, et puis c'est bon les patates, les Français n'en mangent plus, je veux leur faire retrouver les saveurs d'autrefois.

CORINNE - Je ne peux pas donner ça à mes clients, ils sont habitués à des mets plus raffinés et puis Sidonie va attraper une jaunisse si je ne sers plus sa cuisine. Qu'en penses-tu Colette ?

COLETTE - Moi je ne pense pas, je n'ai pas d'avis, j'écoute.

CORINNE - On peut compter sur toi, je vois !

COLETTE - Tu comptes sur mon avis d'habitude ?

THÉRÈSE - Je peux continuer ?

CORINNE - Ah, parce que vous avez encore autre chose ?

THÉRÈSE - Oui, une spécialité dont je suis fière… Le fromage au lait de truie.

CORINNE - De truie ?

THÉRÈSE - Ben oui, de truie, la femme du cochon, quoi !

CORINNE - Je ne pensais pas que ça pouvait exister un truc pareil.

Thérèse - Mais vous ne connaissez pas tout ma petite dame, j'ai aussi bien sur les produits traditionnels, lapins, poulets, œufs.

Corinne - C'est plus intéressant, ça. Écoutez j'ai peu de temps à vous consacrer mais je veux bien quelques poulets et des œufs... Ils sont du jour, vos œufs ?

Thérèse - Évidemment qu'ils sont du jour, vous avez déjà vu des poules pondre la nuit ? Bon, je vous fait une offre promotionnelle, je vous laisse un échantillon de chaque, et lorsque vous aurez goûté je suis sûre que vous passerez commande. Je vous laisse, vous avez des préparatifs pour l'arrivée de Mault et Guillot et je reviens avec œufs et poulets. A bientôt et merci de votre accueil. *(Elle sort.)*

Corinne - T'as envie de goûter à ces machins-là, toi ?... *(Pas de réponse.)* S'il te plaît peux-tu porter tous ces pots par là pour que Sidonie ne voie pas ça... *(Colette ne bouge pas.)* Tu es devenue sourde et muette ? *(Corinne fait des gestes pour expliquer qu'elle emporte le tout dans la pièce à coté et Colette s'exécute)* Qu'est-ce qu'il faut pas faire !

Camille entre avec un tablier blanc minuscule.

Camille - Bonjour Madame Corinne, vous avez besoin de moi m'a-t-on dit ?

Corinne - Oui, je voudrais que tu serves le repas, Colette est fatiguée.

Camille - Fatiguée de vous supporter ?

Corinne - Tu ne commences pas s'il te plaît ! Mets

25

donc le couvert. Tu n'as pas autre chose à te mettre ?

CAMILLE - Si, des tas d'autres choses ! Mais j'ai mis ce que j'avais de plus couvrant.

CORINNE - De plus couvrant ? Et ton tablier, tu n'avais pas plus petit ?

CAMILLE - Non, hélas, j'ai pas trouvé sinon vous pensez...

CORINNE *(sortant vers la cuisine)* - Quelle effrontée !

Camille met le couvert en frétillant.

CAMILLE - Et les serviettes de table, où sont les serviettes de table ? Bon, je vais aller demander. Ah quel métier ! ! ! *(Elle sort côté cuisine.)*

Entre Marcel et Roger menottés l'un à l'autre. Ils ferment la porte et s'appuient contre.

MARCEL ET ROGER - Ouf, sauvés ! ! On a grillé les poulets.

MARCEL - Oui, sauvés, sauvés, c'est vite dit, dès qu'ils vont voir nos menottes ils vont appeler les flics.

ROGER - Ben, y'a qu'à se mettre comme ça. *(Ils se mettent épaule contre épaule.)*

MARCEL - On va pas pouvoir rester longtemps comme ça, quand on va se mettre à table, il va bien falloir qu'on se sépare.

ROGER - Tu veux te mettre à table, tu m'avais dit que tu dirais jamais rien.

MARCEL - Mais non, pauvre nouille, je dis pas avouer, je dis se mettre à table pour manger, je sais pas si t'as remarqué mais on est dans un resto ici...

ROGER - Et tu veux manger ici ?

MARCEL - Quand le patron y va arriver, tu lui dis quoi toi ? Bonjour monsieur, vous dérangez pas, je fais que passer.

ROGER - Tu veux manger ici, toi ? Tu vas payer comment ? Quand on s'est cassé du fourgon on a pas demandé aux matons si y voulaient bien nous donner quelques biftons, histoire de casser une petite graine, pour fêter notre évasion ?

MARCEL - Tu réfléchis toujours autant, toi ! Pendant qu'on va manger les flics vont fouiller le coin, y vont pas venir nous chercher ici, puis ils vont aller plus loin et nous on sera tranquilles.

ROGER - Et pour payer tu vas proposer de faire la plonge ?

MARCEL - Mais non, on va se tirer en douce, l'important c'est de virer ces satanées menottes... Donne-moi le tournevis.

ROGER - Je l'ai perdu.

MARCEL - Où ça ?

ROGER - Je sais pas. Si je savais où je l'ai perdu, je l'aurais pas perdu.

MARCEL - T'en feras jamais d'autres. On va essayer avec ça. *(Il prend une fourchette.)*... Ah, ça va pas... *(Il* *prend un couteau.)*

ROGER - Fais gaffe, va pas me couper. Mais tu t'y prends comme un manche, donnes-moi ça.

MARCEL - Laisse-moi faire, arrête de gigoter comme ça !

ROGER - Si le patron arrive, on n'est pas frais. Je sens que la cavale va pas durer longtemps.

MARCEL - Ouais, t'as raison, écoute, on attend, on demande les toilettes et là on se débarrasse de ça. *(Ils attendent collés l'un à l'autre et Colette entre.)*

COLETTE - Bonjour messieurs, je ne vous avais pas entendu arriver.

ROGER - Ah ben ça, on a fait le moins de bruit possible.

COLETTE - Je me présente, je suis la patronne de l'établissement, je vous souhaite la bienvenue. Je ne vous attendais pas si tôt.

MARCEL - Ben, c'était pas prévu qu'on s'arrête ici.

ROGER - Oui, mais on a vu de la lumière, alors on est entrés.

MARCEL - Oui, on s'est dit, tiens, on va se faire une petite bouffe !

ROGER - Ça va nous changer du rata de la pri... *(Il reçoit un coup de coude de la part Marcel.)* Oui, enfin, ça a l'air drôlement bien ici.

MARCEL - On peut se poser là, ma petite dame ?

COLETTE - Mais qui êtes-vous, exactement ?

28

MARCEL - Des touristes ! On fait du tourisme dans un coin touristique et puis on a eu envie de casser une petite graine, pas vrai Roger ?

ROGER - C'est tout à fait ça ! *(Il s'éponge le front avec sa main menottée sous l'œil ahuri de Colette.)*

COLETTE - Mais qu'est-ce que c'est que ça ?

RIDEAU

ACTE II

COLETTE - Alors répondez, qu'est-ce que c'est que ça ?

MARCEL - Ça... c'est rien... ou plutôt, avant de venir, on a joué avec les enfants aux gendarmes et aux voleurs, c'était nous les voleurs, alors ils nous ont passé les menottes et puis, ils n'ont jamais voulu nous les retirer.

ROGER - Même qu'y en a un qui a avalé la clef pour nous embêter.

COLETTE - Ah oui ? Et lequel de vous conduisait pour venir ici ?

ROGER - Personne.

COLETTE - Comment ça personne ?

MARCEL - Ben, on avait comme qui dirait un taxi qui nous a laissé là.

COLETTE - Oui tout ça est tout à fait normal ; vous faites du tourisme, les menottes aux mains et en taxi. Vous voulez faire avaler ça à qui ?

Roger - Ben… À vous ! Y'a que vous.

Colette - Ça ne prend pas, ou vous me dites la vérité ou j'appelle la police. *(Elle se dirige vers le téléphone.)*

Marcel - Non, non ma petite dame, pas la police. Alors voilà on est des braqueurs de banque, pas tueurs hein, juste braqueurs et on s'est fait épingler. Alors pendant le transfert d'Orléans à Paris on s'est évadés du fourgon en crochetant la serrure vu que c'est notre spécialité.

Colette - Et vous êtes venus vous planquer ici ?

Roger - Ça c'est une idée à Marcel, moi je me serais caché dans une grange.

Marcel - Il est bête, mais y vont d'abord aller visiter les granges, les poulets, ici c'est plus sûr si madame nous dénonce pas.

Colette - Ce n'est pas l'envie qui m'en manque.

Roger *(joignant les mains)* - Oh non ma petite dame, je veux pas retourner en prison, je manque d'espace là-bas et puis leur rata me donne de l'urticaire, j'en finis pas de me gratter.

Colette - Et vous n'avez pas pu crocheter vos menottes, vous les professionnels ?

Marcel - Il nous faudrait un petit tournevis, on a laissé le nôtre dans le fourgon.

Colette - Bon, je vous propose un marché. Je vous aide à vous débarrasser de vos menottes et je ne vous dénonce pas à une condition.

MARCEL - Vous voulez quand même pas notre magot ?

COLETTE - Je n'ai pas besoin de votre argent, j'ai besoin de votre aide.

ROGER - Attention, on butte personne nous, on est honnêtes.

MARCEL - Ouais madame, tous les gars qui nous connaissent, nous savent honnêtes.

COLETTE - C'est plus simple que ça. Ma sœur attend Mault et Guillot.

MARCEL - Qui ça ?

COLETTE - Mault et Guillot, les gastronomes.

ROGER - Ça fait quoi les gastronomes ?

MARCEL - Ça mange ?

ROGER - Ben tout le monde mange, moi aussi je mange.

MARCEL - Oui, mais eux, y mangent dans les restaurants.

MARCEL - Ecoute Roger, je t'expliquerai après, continuez ma petite dame.

COLETTE - Je voudrais que vous les remplaciez.

MARCEL - Où ça ? Ici ?

COLETTE - Oui, je voudrais que ma sœur pense que vous êtes Mault et Guillot.

MARCEL - Pourquoi vous lui faites une vacherie pareille à votre sœur ?

COLETTE - Parce que j'ai un compte à régler avec elle. Elle me prend pour une imbécile, je vais lui montrer qui est la plus bête des deux.

ROGER - Si je comprends bien, on va manger ici et votre sœur va s'apercevoir qu'elle est bête.

COLETTE - Voilà c'est ça.

ROGER - Va falloir que tu m'expliques ça aussi Marcel.

COLETTE - Il va falloir vous tenir correctement à table et parler comme il faut.

MARCEL - Vous tracassez pas ma petite dame, on va vous soigner ça aux petits oignons.

ROGER - Moi tu sais les oignons, ça m'a jamais arrangé les intestins.

MARCEL - Tais-toi Roger, je t'expliquerai, mais il faudrait peut-être qu'on se débarrasse de ça... *(Prenant une voix maniérée.)* si nous voulons être crédibles.

COLETTE - Je m'en occupe, suivez-moi.

ROGER - Ben tu parles d'une affaire.

MARCEL *(le tirant)* - Allez, amène-toi. *(Ils sortent.)*

Entre Corinne et Camille.

CORINNE - Allez Camille un peu de nerfs, je veux que tout soit parfait. Mais voyons, fais attention quand tu mets le couvert, tu as mis une fourchette avec une dent tordue.

34

CAMILLE - Ah mais non, je l'aurai vu.

CORINNE - La preuve que non ! Allez change-moi ça.

CAMILLE - J'ai pas mis de fourchette tordue j'en suis sûre, c'est vous qui l'avez changée pour me faire des remarques désagréables.

CORINNE - Allons, allons, que vas-tu imaginer ? Mets plutôt du cœur à l'ouvrage.

CAMILLE - Du cœur à l'ouvrage, pour faire un boulot de boniche, sûrement pas ! Dès que j'ai un peu d'argent je monte à Paris et plus tard lorsque je daignerai revenir à la campagne c'est une grande vedette du cinéma que vous aurez dans votre restaurant, et la Madame Corinne que vous êtes me baisera les pieds pour l'honneur que je lui ferai !

CORINNE - C'est ça, tu crois que tes parents accepteront de te laisser partir ?

CAMILLE - Je ne leur demanderai pas, ils me pardonneront lorsque j'aurai de l'argent plein les poches.

CORINNE - Ma pauvre petite, je crains que tu ne tombes de haut.

CAMILLE - Pas du tout, c'est mon destin, je le sais, je le sens.

CORINNE - Alors, si tu le sens. Notre Sologne va devenir célèbre avec une star de cinéma comme toi et un poète comme Vincent.

CAMILLE - Vincent c'est un niais.

CORINNE - Ah bon, mais dis-moi qui donc dans ton village trouve grâce à tes yeux.

CAMILLE - Personne, il n'y a que des ploucs et j'aime pas les ploucs.

CORINNE - Tout à l'heure, Mault et Guillot vont arriver. Au moins eux, ce ne sont pas des ploucs, tu pourras les servir avec le sourire.

CAMILLE - Pas intéressant ! Des gros lards qui ne pensent qu'à se goinfrer.

CORINNE - Comment sais-tu que ce sont des gros lards ?

CAMILLE - Je le devine.

CORINNE - Tu as réponse à tout, je te laisse, tu m'énerves. *(Elle sort.)*

CAMILLE - Si elle croit qu'elle ne m'énerve pas elle, la vieille fille grincheuse, mais rira bien qui rira le dernier. Alors, les couverts sont bien comme il faut, les assiettes aussi, les verres sans traces, mais que demande le peuple ?

Entre Vincent.

VINCENT - Tu es arrivée, ma jolie

Eh bien tu vois, moi aussi

Hum, toujours aussi bien roulée

Dieu, que j'ai envie de te biser.

CAMILLE - Halte-là ! On ne touche à Camille qu'avec les yeux.

VINCENT - Juste avec les yeux

Pourtant avec les mains

Ça c'est certain

Ça me plairait mieux.

CAMILLE - J'ai dit "pas touche". Et puis que viens-tu faire ici ?

VINCENT - J'apporte à Sidonie

La commande qu'elle m'a passée

Car il faut que tout soit cuit

Quand les gastronomes vont arriver.

CAMILLE - Tu me soûles à parler comme ça. Si tu continues je ne te réponds plus.

VINCENT - Si tu continues

Je ne te réponds plus

Tu vois, c'est facile

Quand on a du babil

De parler en vers

Sans en avoir l'air.

Camille sort vers la cuisine.

Mais elle s'en va

Camille attends-moi. *(Il va lui aussi, vers la cuisine avec son panier de légumes.)*

Colette entre suivie de Marcel et Roger sans menottes.

COLETTE - Messieurs votre rôle commence, je compte sur vous pour mystifier ma sœur.

ROGER - Pour faire quoi ?

MARCEL - Laisse tomber Roger, je t'expliquerai.

COLETTE - Je vais la chercher. *(Elle sort.)*

ROGER - Oh, là, là, j'ai le trac.

MARCEL - Écoute, tu fais comme moi et tout ira bien. Pour commencer tu te tiens d'une façon distinguée, comme ça... *(Il lève le menton.)* tu vois ?

ROGER - Oui, mais je ne vais pas voir où je mets les pieds si j'ai le nez en l'air.

MARCEL - Tu redresses le menton mais tu baisses les yeux, et tu marches comme ça. *(Il marche.)*

ROGER - Arrête, malheureux y'a une table, tu vas tout foutre en l'air.

MARCEL - C'est toi qui vas tout foutre en l'air si tu fais pas ce que je dis. T'as envie de retourner au trou ?

ROGER - Ah non non non !

MARCEL - Alors écoutes-moi.

ROGER - Bon, je lève le menton, je baisse les yeux pour regarder dans l'assiette, ça va pas être commode si on me sert du poisson, je vais être obligé de bouffer les arêtes.

MARCEL - Elle va pas être là à nous surveiller la frangine, on pourra manger comme on veut. Alors, quand elle va arriver on lui fait le baisemain, c'est ce qui se fait de mieux dans le beau monde. Alors, je suis la frangine et tu me dis bonjour, vas-y.

ROGER - Bonjour madââme... *(Il s'incline.)* vous avez du poil sur les mains.

MARCEL - T'as fini, oui ? Refais-moi ça sérieusement.

ROGER - Bonjour madââme. *(Il s'incline sur la main de Marcel tandis que Corinne entre avec Colette.)*

CORINNE *(un peu interloquée)* - Bonjour messieurs

MARCEL *(très mondain)* - Bonjour madâme. Dites-moi cher ami, la voyez-vous cette épine ?

ROGER - Où ce que t'as une épine ?

MARCEL *(lui donnant une bourrade)* - Là, dans la main, il faut vous dire chère madame que j'ai taillé mes rosiers avant de venir. *(Il s'approche de Corinne et lui fait le baisemain.)* Permettez-moi de me présenter. Je suis Mault et voici mon collègue Monsieur Guillot.

ROGER *(faisant le baisemain)* - Bonjour madame Hé oui, c'est nous qu'on est les gastronomes, même qu'on mange dans les restaurants ! Pas vrai Marcel ?

CORINNE - Pardon ?

MARCEL - Oui mon collègue veut dire que nous venons goûter aux spécialités régionales du coin et comme vous le savez nous sanctionnons par des étoiles dans notre guide.

COLETTE - Vous voulez dire des épis de maïs.

MARCEL - Des épis de maïs ? Hein, heu, si vous voulez, des épis de maïs.

ROGER - On peut même vous donner des tournesols si vous préférez, on n'est pas regardant pas vrai Marcel ?

MARCEL - Excusez-le, mais récemment il a été incommodé par de la nourriture pas fraîche, une omelette aux œufs belges, il est encore pas bien remis.

COLETTE *(très aimable)* - Bien sûr, nous comprenons mais ici c'est directement du producteur au consommateur, alors, aucun problème de fraîcheur.

MARCEL - Nous n'en doutons pas, nous aimerions nous laver les mains, où sont les toilettes ?

ROGER - On les a déjà lavées tout à l'heure quand on s'est débarrassés des men... *(Coup de poing de Marcel.)* Aïe, ah oui c'est une idée, on va se laver les mains. J'ai oublié de laver la main droite.

COLETTE - C'est par là, je vous accompagne.

CORINNE - Colette, je voudrais te dire quelque chose.

COLETTE - Je reviens. *(Ils sortent.)*

CORINNE - Je ne les voyais pas comme ça. Sidonie ! !

Entre Sidonie.

SIDONIE - Oui madame Corinne.

CORINNE - Ils sont arrivés et...

SIDONIE - Mais c'est pas cuit, ça fait du boulot la cuisine, vous avez pas l'air de vous en rendre compte

40

mais il faut éplucher et laver les légumes, faire rissoler la viande, préparer la sauce.

CORINNE - Stop ! Je sais que ce n'est pas cuit. Je me rends parfaitement compte du travail, je vais les faire patienter.

SIDONIE - Bon, bon, si on ne peut plus s'exprimer maintenant… Dites, y sont comment ?

CORINNE - Qui ça ?

SIDONIE - Ben eux… là, les astronomes ?

CORINNE - Les "gastronomes". Non seulement vous parlez à tort et à travers mais en plus vous ne connaissez pas le français.

SIDONIE *(vexée et retournant vers sa cuisine)* - Eh bien si c'est comme ça que vous causez avec vos clients, y vont pas rester longtemps et vos catins de maïs vous passeront sous le nez. *(À la porte.)* Oui madame, c'est comme je vous le dis. *(Elle sort.)*

CORINNE - Si je savais faire la cuisine aussi bien qu'elle, comment je te la mettrais à la porte.

Camille entre suivie de Vincent.

CAMILLE - Madame Corinne, pourriez-vous demander à ce grand dadais d'arrêter de me suivre ?

CORINNE - Tu as besoin de moi lorsque quelqu'un t'importune ? Bon, Vincent, sois gentil, rentre chez toi nous avons du travail.

VINCENT - Mais je suis amoureux

De la jolie Camille

Si elle voulait

Je l'épouserais

On fondrait une famille

Et on serait heureux.

CAMILLE - Il est complètement fou, moi me marier avec un rimailleur comme toi, tu plaisantes. Je suis promise à une autre destinée.

CORINNE - Je crois que tu perds ton temps, mon pauvre Vincent, elle ne veut pas de toi.

VINCENT - Alors dans ce cas

Je rentre chez moi

Mais je ne m'avoue pas vaincu

Un jour je serais le bienvenu. *(Il sort.)*

CORINNE - Il est tenace, bon maintenant, au boulot ils sont arrivés tu sais. Montre-nous tes talents d'artiste en leur faisant du charme, je compte sur toi.

CAMILLE - Et j'aurai quoi en échange ?

CORINNE - Écoute, je connais le patron d'un petit bistrot à Paris où se réunissent souvent des artistes. Si tout se passe bien ici, aujourd'hui je peux te recommander à lui.

CAMILLE - Vous feriez ça, Madame Corinne ?

CORINNE - Il n'en tient qu'à toi.

CAMILLE - Bon, alors envoyez les gastronomes,

je suis prête.

Entre Marcel et Roger suivis de Colette.

CORINNE - Messieurs, prenez place je vous en prie, Camille va s'occuper de vous. La maison vous offre l'apéritif pour vous aider à patienter. Prends la commande ma petite Camille. Colette j'aurai besoin de toi, peux-tu venir avec moi ?

COLETTE - Hélas non ! Ces messieurs m'ont demandé de leur tenir compagnie.

CORINNE *(sèche)* - Très bien, comme tu voudras *(Elle sort.)*

ROGER - On vous a rien demandé, si vous voulez aller l'aider.

COLETTE - Eh bien non justement, je ne veux pas.

CAMILLE - Ces messieurs désirent ? Nous avons un apéritif maison à base de feuilles de pêcher…

ROGER - C'est un truc de bonne femme ça, non moi je prends un jaune *(Coup de poing de Marcel.)* Aïe… Enfin je veux vous dire un pastis, s'il vous plaît mademoiselle.

MARCEL - Et moi ce sera un scotch.

ROGER - Qu'est-ce que tu veux faire avec du scotch ?

MARCEL - Pas du scotch, un scotch, un whisky si tu préfères.

CAMILLE - Irlandais, écossais, le scotch ?

MARCEL - Ce que vous avez de meilleur et avec de la glace.

ROGER - Ben moi aussi finalement je vais prendre "un scotch" Vous me faites moitié irlandais, moitié écossais.

CAMILLE - Mais ce n'est pas possible monsieur !

COLETTE - Mais si Camille, quand on veut on peut.

CAMILLE - Ah bon ! Si vous le dites... *(Et elle sort.)*

MARCEL - Tu aimes le whisky maintenant ?

ROGER - Non, mais les gens de "la haute" boivent pas de jaune alors je voudrais pas me faire remarquer.

COLETTE - Il faut boire ce qui vous fait plaisir, Monsieur Roger.

ROGER - Ça va aller, vous tracassez pas, mais on pourrait pas avoir un peu de musique, c'est tristounet ici.

COLETTE - Mais si, bien sûr. Que voulez-vous comme musique ?

ROGER - Quelque chose comme dans les guinguettes des bords de Marne. J'aime bien la java moi, pas vous ?

COLETTE - Si, si, je vais vous chercher ça. *(Elle sort.)*

MARCEL - Non, mais ça va pas, une java ? Ici ? C'est pas l'endroit, ici on écoute Chopin ou Wagner.

ROGER - J'vais pas demander ça, je les connais pas ces gars-là, le seul Wagner que j'ai connu c'était le berger allemand du gardien de prison.

COLETTE *(revient avec de la musique, une java)* - Voilà, j'ai ce qu'il vous faut.

ROGER - Ça me donne envie de guincher, moi. Allez Colette, on y va ?

COLETTE - Si vous voulez. *(Ils dansent.)*

Camille entre avec les verres, Marcel lui prend le plateau, le pose sur la table et danse avec elle.

CORINNE *(entre et contemple la scène sidérée)* - Camille, s'il te plaît un peu de tenue !

CAMILLE - Mais j'y suis pour rien, c'est lui qui…

Marcel lâche Camille et prend Corinne dans ses bras, l'entraîne à danser en lui plaquant les mains sur les fesses. Celle-ci sursaute mais "catins de maïs" obligent, ne dit rien.

MARCEL - Oui madame, ça se danse comme ça une java.

ROGER - En tout cas, à la fête à Neuneu on danse comme ça !

CORINNE - Bon maintenant ça suffit, je vous en prie messieurs, prenez place, terminez votre apéritif, nous pouvons commencer à vous servir.

ROGER *(tout excité, s'assied, avale son verre d'un trait)* - Allez-y, envoyez le frichti.

Corinne et Camille sortent.

COLETTE - Le frichti ! Vous y allez un peu fort Monsieur Roger, ma sœur va avoir des soupçons.

MARCEL - C'est plus fort que nous Mââme Colette, quand on est parti à rigoler, plus rien nous arrête mais on va se tenir, promis !

CAMILLE *(entre avec les premiers plats et annonce)* - Messieurs, Rillettes de truite à la Solognote.

ROGER - Hum, ça sent bon, on en mangerait.

CAMILLE - Mangez messieurs, c'est fait pour ça. *(Elle sort.)*

COLETTE - Je vous laisse vous régaler.

MARCEL - Minute, on n'a rien à boire.

COLETTE - Ne vous tracassez pas, ça vient. *(Elle sort.)*

CAMILLE *(revient avec le pain et une bouteille)* - Messieurs, un Mennetou blanc pour accompagner les rillettes.

MARCEL - Parfait ! Bien frais j'espère ?

CAMILLE *(débouchant la bouteille)* - Bien sûr monsieur

> *Elle tire sur le tire bouchon sans y arriver, coince la bouteille entre ses cuisses, sans résultat.*

ROGER - Tu devrais l'aider, je crois bien qu'elle a deux mains gauches.

MARCEL - Laissez-moi faire mam'zelle, gardez vos forces pour d'autres circonstances. *(Il ouvre, hume, pousse un soupir heureux et sert Roger.)* Cher ami, un peu de ce nectar ?

46

ROGER - Mais comment donc, plutôt deux fois qu'une. Quel verre veux-tu ? Le plus grand ?

CAMILLE - Non, le verre à vin c'est celui-ci, le verre le plus grand c'est pour l'eau.

ROGER - Pour l'eau ? Tu peux les ranger on en aura pas besoin. Marcel dit toujours, l'eau c'est pour laver les bagnoles et là je suis d'accord avec lui.

Marcel sert tandis que Corinne entre.

CORINNE - Dis donc Camille, tu pourrais faire ton travail.

MARCEL - Elle n'arrivait pas à ouvrir la bouteille, on l'a aidé c'est tout.

CORINNE - Je ne veux pas le savoir ! À chacun son métier et les vaches seront bien gardées.

CAMILLE *(lui jetant son tablier à la figure)* - C'est pas mon métier, alors je vous laisse garder vos vaches. *(Elle sort.)*

ROGER - C'est nous, les vaches ?

CORINNE - Mais non, qu'allez-vous imaginer, cette jeunesse est impétueuse mais je vais arranger ça, bon appétit. *(Elle sort.)*

MARCEL - Mais elle est dans ses petits souliers la frangine. *(À Roger qui se goinfre.)* Bon appétit.

ROGER *(la bouche pleine)* - Merci, c'est drôlement bon, rien à voir avec le rata de la taule.

Ils mangent et boivent tandis que Thérèse entre, un

poulet dans chaque main.

THÉRÈSE - Re-bonjour, v'là les poulets !

MARCEL ET ROGER *(se jettant dans les bras l'un de l'autre, et plongeant sous la table)* - Les poulets, on est cuits.

THÉRÈSE - Faut pas avoir peur, vous voyez bien qu'ils sont morts, mes poulets. *(Se dirigeant vers la cuisine.)* Ah les gens de la ville !

ROGER - On a eu chaud. *(Se remettant à table.)* Ça m'a coupé l'appétit.

MARCEL - Ce que t'es émotif ! Allez, mange.

ROGER - Il faudrait que j'aille prendre l'air, j'ai eu trop peur.

MARCEL - Tu veux que j'aille avec toi ?

ROGER - Si tu veux ! *(Ils sortent.)*

COLETTE *(entre)* - Mais où sont-ils passés ?

CORINNE ET THÉRÈSE *(revenant de la cuisine)* - Voilà la suite messieurs. Où sont ils ?

COLETTE - Je ne sais pas !

THÉRÈSE - Ils étaient là il y un instant. Ils ont eu peur de mes poulets, je ne pense que c'est ça qui les a fait fuir.

CORINNE - Ils ont eu peur de vos poulets ?

THÉRÈSE - Ben oui ; en entrant j'ai dit voilà les poulets et ils ont plongés sous la table.

CORINNE - Ah oui ? Ils ont vraiment l'air bizarre ces deux-là.

COLETTE - Tu trouves ?

CORINNE - Surtout que Sidonie m'a dit que dans la région deux voleurs s'étaient évadés d'un fourgon cellulaire.

COLETTE - Si tu écoutes tous les racontars de Sidonie.

CORINNE - Reconnais qu'ils n'ont pas l'allure de gastronomes, ces lascars là.

COLETTE - Parce que tu en as vu beaucoup des gastronomes avant eux ?

CORINNE - Non, mais… j'ai un pressentiment et je me trompe rarement dans mes pressentiments.

THÉRÈSE - Vous cherchez bien midi à quatorze heures. Comment ils sauraient que vous attendiez Mault et Guillot si ce n'est pas eux ?

COLETTE - Évidemment comment le sauraient-ils ?

CORINNE - Oui, effectivement je n'avais pas pensé à ça.

THÉRÈSE - Et mes 50 kilos de patates vous y pensez ?

CORINNE - J'ai personne pour soulever ça.

THÉRÈSE - À nous deux, on va y arriver, allez amenez-vous. *(Elles sortent.)*

COLETTE - Elle ne pouvait pas tenir sa langue, la Sidonie. Voilà qu'elle se méfie maintenant.

CAMILLE *(entre)* - Je rentre chez moi, j'en ai mare de

votre sœur. Je ne sais pas comment vous faites pour la supporter.

COLETTE - Question d'habitude. Alors qui va servir ?

CAMILLE - Je m'en contrefous de qui va servir, bye, bye. *(Elle sort.)*

COLETTE - La voilà dans de beaux draps, je me venge, je me venge.

Entre les vrais Mault et Guillot, l'un d'eux est affublé de tics terribles.

COLETTE - Bonjour messieurs.

MAULT - Bonjour madame, nous voudrions réserver une table pour deux personnes.

GUILLOT - Oui, pour deux personnes.

COLETTE - Pour aujourd'hui ?

MAULT - Oui, pour aujourd'hui.

COLETTE - Mais je vous en prie, cette table est libre installez vous.

GUILLOT - Pas tout de suite, nous reviendrons dans quelque temps. Vous avez des clients à cette table ?

COLETTE - Oui, vous auriez préféré celle-ci ?

MAULT - Pas du tout, mais elle me semble avoir été abandonnée précipitamment, je me trompe ?

COLETTE - C'est-à-dire qu'un client a eu un léger malaise et est sorti se rafraîchir.

GUILLOT - Un malaise à cause de la nourriture ?

COLETTE - Pas du tout, je le crois claustrophobe et il a besoin d'espace pour respirer.

MAULT - Bien dans ce cas, à tout à l'heure.

COLETTE - À quel nom dois-je réserver ?

GUILLOT - Mault et Guillot

COLETTE - Mault… et … Guillot …

MAULT - Oui madame, Mault et Guillot. *(Ils sortent.)*

COLETTE - Ça se complique, il ne faut pas que Corinne le sache, et Camille qui est partie, tant pis, je vais reprendre le service Mon tablier, il me faut mon tablier. *(Elle sort.)*

Corinne et Thérèse entrent.

THÉRÈSE - Surtout lorsque vous aurez besoin de patates n'hésitez pas, un petit coup de fil et je vous livre.

CORINNE - Nous ne mangeons pas énormément de "patates" dans mon restaurant.

THÉRÈSE - Vous avez tort, c'est une nourriture saine et pas chère. Vous savez ce que mon mari chante tous les matins en se levant ?

CORINNE - Non, que chante-t-il ?

THÉRÈSE - " Le lundi des patates, le mardi des patates et le mercredi des patates aussi. "

CORINNE - Alors, chère madame, bonne patate et à plus tard. *(Thérèse sort.)* Il paraît qu'il faut de tout pour faire un monde, mais ça va être froid ça. *(Elle emporte le plat en sortant.)*

> *Roger et Marcel reviennent.*

ROGER - Ça va mieux, faudra pas me refaire un coup comme celui-là. Elle est folle cette bonne femme avec ses poulets.

MARCEL - Tu t'affoles tout de suite, il faut rester zen.

ROGER - T'aurais eu les poulets aux trousses, j'aurai voulu voir si tu restais jeune comme tu dis.

MARCEL - Pas jeune : zen.

ROGER - C'est la même chose.

MARCEL - Oui si tu veux, bon la suite c'est quoi ?

CORINNE *(revient et change les assiettes)* - Alors, messieurs que s'est il passé ? Les rillettes de truites n'étaient pas bonnes ?

MARCEL - Excellentes, excellentes mais mon ami s'est senti à l'étroit d'un seul coup et ça il supporte pas.

ROGER - Alors je suis allé respirer dehors pour rester zen, si vous voyez ce que je veux dire.

MARCEL - Les murs autour de lui ça l'oppresse

CORINNE - Je peux ouvrir la fenêtre si vous voulez.

ROGER - Non ça va mieux, qu'est ce qu'on mange maintenant ?

CORINNE - Écrevisses à la Solognote, je les avais remises au chaud. *(Elle sort.)*

MARCEL - Allez bois un coup, à la tienne mon vieux Roger et à notre gueuleton "Écrevisses à la Solognote", j'en bave.

CORINNE *(elle entre)* - Voilà messieurs, régalez-vous !

ROGER - Mmmmm... que ça sent bon, pour se régaler on va se régaler, pas vrai Marcel.

MARCEL - Bien sûr, mon ami, bien sûr.

Corinne sort.

ROGER - Bien sûr, mon ami, bien sûr, quelle chochotte tu fais.

MARCEL - Je te rattrape le coup à chaque fois ! La sauce est bonne.

ROGER - Tans pis, j'y mets les doigts. *(Ils mangent.)*

COLETTE *(entre)* - Où étiez vous passés ?

ROGER - J'ai été prendre l'air, j'ai eu peur des poulets.

COLETTE - J'ai cru comprendre. Mais tenez-vous tranquille. Savez-vous que Corinne sait que deux bandits se sont évadés ?

ROGER - Je recommence à manquer d'air.

MARCEL - Calme, Roger, calme, elle ne pense pas que c'est nous ?

COLETTE - Pas encore, mais il faut être le plus convaincant possible, elle vous trouve bizarres.

ROGER - J'ai de plus en plus chaud.

MARCEL - T'en fais pas Roger je vais la mystifier, moi, la Corinne.

ROGER - Tu vas lui faire quoi ?

MARCEL - T'inquiètes, je te l'expliquerai.

COLETTE - D'autant plus les vrais Mault et Guillot vont arriver d'un instant à l'autre.

ROGER *(suffoquant)* - Les vrais ? Oh là, là, là, là. Marcel on est dans de sales draps.

MARCEL - Ils viennent manger ici ?

COLETTE - Oui.

MARCEL - Avec nous ?

COLETTE - Oui.

MARCEL - Dans la même pièce ?

COLETTE - Oui.

MARCEL - Ben on va rigoler !

ROGER - Tu rigoles si tu veux, moi y faut que je retourne prendre l'air.

RIDEAU

ACTE III

Colette met le couvert pour Mault et Guillot tandis que Corinne entre.

CORINNE - Que fais-tu ?

COLETTE - Je mets le couvert pour deux personnes qui viennent de réserver.

COLETTE - Et les deux autres, où sont-ils ?

COLETTE - Dehors, ils prennent l'air.

CORINNE - Encore ! Quels drôles de types ! Alors comme ça, tu te remets au travail ?

COLETTE - Oui, puisque Camille est partie. Tu as encore du être aimable avec elle.

CORINNE - Mais je n'ai pas besoin de toi, tu n'as pas voulu m'aider ce matin, tu continues, je me débrouillerai toute seule.

COLETTE - Tu ne vas pas t'en sortir.

CORINNE - Ça ne t'a pas inquiétée ce matin si j'allais

m'en sortir ou pas, alors maintenant... Dégage, puisque tu claironnes partout que je suis un chameau, il faut que je mérite ma réputation. *(Appelant.)* Sidonie !

SIDONIE *(entre)* - Mââme Corinne, vous avez besoin de moi ?

CORINNE - Oui, Sidonie. Nous avons deux personnes de plus à déjeuner.

SIDONIE - Deux personnes, ah ben... je m'y attendais pas, ça va pas être facile... J'ai comme qui dirait des misères, quoique je sois pas vraiment responsable.

CORINNE - Que se passe-t-il encore ? Ne tournez pas autour du pot.

SIDONIE - Ben voilà, pendant que j'aidais Monsieur Ducloux à changer la bonbonne de gaz vu que j'étais en panne et que j'ai été obligée de l'appeler parce qu'on a jamais rien d'avance dans cette maison.

CORINNE - Droit au but Sidonie. Droit au but !

SIDONIE - J'explique ! Faut pas m'interrompre tout le temps, ça me fait perdre le fil... eh ben ça y est je sais plus ce que je disais.

COLETTE - Vous étiez avec Monsieur Ducloux à changer la bouteille de gaz.

SIDONIE - Ah oui, c'est ça ! J'étais donc en train de lui passer les pinces pour qu'il serre ça comme il faut parce que le gaz, c'est dangereux, y aurait eu que moi on aurait gardé la cuisinière au bois.

CORINNE - Sidonie, pour la dernière fois, que

s'est il passé ?

SIDONIE - Il s'est passé que votre sale chat a mis un brin pas possible dans ma cuisine : en volant un morceau de poulet, il a renversé la casserole où j'avais mes écrevisses et c'est tombé dans les rillettes. Ça veut dire que les deux oiseaux qui vont arriver tout à l'heure y auront rien de bon à mettre dans leur assiette et tout ça à cause de votre sale bestiole qu'est voleuse comme pas deux.

CORINNE - Et voilà, c'est la faute du chat si vous laissez tout traîner dans votre cuisine pour aller jacasser avec le premier venu. Je vous préviens Sidonie, débrouillez-vous comme vous voulez, mais je veux que mes clients soient contents. Encore une histoire comme celle-là et vous pourrez prendre la porte, c'est compris ? Je vous paie pour faire la cuisine et non pas pour raconter vos imbécillités à tout le monde. *(Elle sort.)*

SIDONIE - Mes imbécillités ! Faut avoir besoin de travailler, moi je vous le dis ! Quel caractère ! Ma pauvre Colette, je vous plains, mais dites-vous bien que si je pouvais lui laver le caractère comme je lave le cul de mes gamelles, il y a longtemps que je l'aurai fait. *(Elle sort.)*

COLETTE - Bonjour l'ambiance ! *(Marcel et Roger reviennent.)* Ah vous voilà ! Arrêtez votre cirque, ça commence à devenir suspect.

ROGER - Faut dire aussi que vous nous foutez les jetons.

COLETTE - Pour des gangsters, vous n'êtes pas très courageux.

MARCEL - Le mot gangster est un peu exagéré, nous sommes juste un peu voleurs et encore...

ROGER - Et encore on peut pas dire que ça nous réussit : on se fait pincer à chaque fois.

MARCEL - On avait le choix entre voleurs ou chômeurs, on a choisi voleurs, on ne voulait pas vivre aux crochets de la société.

COLETTE - Maintenant vous vous asseyez là et vous ne bougez plus, compris ?

ROGER - Compris ! C'est quoi la suite ?

COLETTE - Soit poulet aux cèpes soit carré de porc au cidre.

Entre Mault et Guillot.

Je vous en prie messieurs, asseyez-vous ! Voulez-vous la carte ?

GUILLOT - Oui, s'il vous plaît.

Corinne entre, tend la carte aux nouveaux venus.

CORINNE - Bienvenue dans mon établissement messieurs, je vous laisse faire votre choix. *(Elle sort.)*

Guillot choisit tandis que Mault, affligé de tics, inspecte la vaisselle.

ROGER - On n'a pas pensé à faire ça. Ah le pauvre gars, ça le travaille drôlement.

MARCEL - Tais-toi Roger, ils vont t'entendre.

ROGER - Si de ses oreilles à son cerveau ça fait autant de détours, il est pas prêt de comprendre.

MAULT - Elles sont pêchées dans quelle rivière les écrevisses ?

COLETTE - Dans la Sauldre.

MAULT - Et les cultivateurs du coin n'y déversent pas de pesticides, dans la Sauldre ?

COLETTE - Elle est très surveillée, le technicien de rivière ne plaisante pas.

MAULT - Et le saumon, vous le pêchez aussi dans la Sauldre ?

COLETTE - Ah non, nous le faisons venir des élevages finlandais.

MAULT - Il est donc nourri avec des farines animales, nous n'en voulons pas, n'est ce pas cher ami ?

GUILLOT - Non, nous n'en voulons pas, nous tenons à notre santé.

COLETTE - Donc pour commencer : écrevisses à la Solognote ensuite…

GUILLOT - Les poulets sont des poulets d'élevage ?

COLETTE - Non, c'est une fermière du village qui nous les fournit.

MAULT - Et avec quoi sont-ils nourris ?

COLETTE - Ce sont des poulets de grains !

GUILLOT - Uniquement du grain ?

COLETTE - Uniquement messieurs !

MAULT - Et le porc, il est nourri comment ?

MARCEL *(que toutes ces questions amusent)* - Normalement ! Par la bouche avec de l'eau de vaisselle et des épluchures, il mangeait ça le cochon que ma grand mère élevait dans sa cour.

GUILLOT - Et qui êtes-vous monsieur ?

COLETTE - Ce sont des habitués ! Ils viennent très souvent ici, ils trouvent vos questions surprenantes.

MAULT - Vous savez messieurs, que notre profession comporte bien des risques.

ROGER - On voit bien que vous êtes agité du bocal.

GUILLOT - Hé oui le pauvre, un jour dans un restaurant pourtant réputé il a mangé de la vache folle.

MAULT - Et j'en suis pas bien remis.

GUILLOT - Alors maintenant on se méfie, c'est un métier dangereux que le nôtre. Nous ne sommes jamais à l'abri d'une intoxication alimentaire.

MAULT - Et avec tout ce qui se passe en ce moment, on entend parler sans cesse de salmonellose, de listériose, de dioxine et j'en passe.

GUILLOT - Tenez, la semaine dernière, nous devions tester un restaurant à Calais *Le Boyau Rouge* vous connaissez ?.. Eh bien nous nous sommes retrouvés devant un poulet belge.

MARCEL - Comment saviez-vous qu'il était belge ce poulet.

GUILLOT - Facile, il était entouré de frites.

ROGER - J'aurais pas pensé à ça.

MAULT - C'est le métier, monsieur, c'est le métier.

GUILLOT - Une autre fois, nous étions en Corse, dans le restaurant *La paillote* et là, on nous a servi du homard, ce pauvre Mault s'est aperçu qu'il était allergique aux crustacés, en en rien de temps il était gonflé de partout.

MAULT - J'ai failli en mourir, un peu plus et je pouvais dire : " Le homard m'a tué ".

ROGER - Tu parles d'une vie. C'est quand même moins dangereux ce qu'on fait.

GUILLOT - Et quelle profession exercez vous ?

MARCEL - On est dans les transports de fonds.

ROGER - Enfin, on essaie…

GUILLOT - C'est dangereux aussi ça, vous risquez de vous faire attaquer par des gangsters sans scrupules.

ROGER - C'est pas eux qu'on craint le plus.

MAULT - Ah oui, que craignez-vous donc ?

MARCEL - La panne, on est nul en mécanique.

GUILLOT - Dites donc, cher ami, si nous nous lavions les mains avant le repas.

Mault - Excellente idée. Savez-vous où sont les toilettes ?

Roger - Venez, on vous emmène, on connaît, pas vrai Marcel ?

Marcel - Colette nous a dit de ne plus bouger.

Roger - Reste si tu veux, moi je leur montre le chemin.

Marcel - Je vais avec toi, j'ai peur de ce que tu peux raconter.

Roger - La confiance règne, par ici messieurs

Ils sortent tandis que Colette et Corinne entrent.

Corinne - Messieurs, je regrette mais… Mais où sont-ils donc passés ?

Colette - Je ne sais pas, ils étaient là il y a un instant.

Corinne - Ils sont bizarres tout de même, les gastronomes passent encore, je comprends qu'ils aient besoin de bouger, ils passent leur vie à manger, mais les deux autres ? Tu as entendu le signalement des bandits à la radio ? Ça correspond tout à fait avec eux.

Colette - Mais non, que vas-tu imaginer ? Des bandits ne viendraient pas se mettre à table dans un restaurant.

Corinne - Mais si, pour faire diversion. Écoute, je vais les questionner habilement et si ce sont eux, je téléphone à Vincent pour qu'il vienne m'aider à les capturer.

COLETTE - Tu es folle, tu vas te couvrir de ridicule.

CORINNE - Pas du tout, je vais faire la une des journaux et mon établissement ne désemplira pas, je refuserais du monde. Ça va me faire une pub terrible.

COLETTE - Ne compte pas sur moi pour t'aider.

CORINNE - J'avais bien remarqué que je ne pouvais pas compter sur toi.

COLETTE - Et je crains qu'après un coup d'éclat comme celui-là, tu sois obligée de fermer boutique.

CORINNE - Oiseau de mauvais augure, file chercher Sidonie, j'ai deux mots à lui dire.

COLETTE - Comme tu voudras. *(Elle sort.)*

CORINNE - Je sens que je vais les avoir, mes épis de maïs.

SIDONIE - Qu'est-ce que vous me voulez encore ? Si c'est pour m'engueuler, c'est pas la peine. C'est facile de tout me mettre sur le dos, alors que votre sale chat a le droit de tout faire, on peut même pas lui donner un coup de torchon lorsqu'il vole.

CORINNE - Vous êtes priée de ne pas toucher à un seul poil de Troisgros.

SIDONIE - Troisgros ! On n'a pas idée d'appeler un chat Troisgros, un chat s'appelle Minet, Moumousse ou Mimine, mais pas Troisgros, enfin pas étonnant qu'il soit toujours fourré dans la cuisine et le nez dans mes casseroles avec un nom pareil. Le prochain vous allez l'appeler comment ? Robuchon, Lenôtre, Loiseau, peut-être pas Loiseau parce que…

CORINNE - Je ne vous ai pas appelé pour discuter du nom du chat, mais pour vous montrer la commande de mes clients.

SIDONIE - Quels clients ? Je vois personne !

CORINNE - Ils vont revenir et qu'allez vous leur donner à manger ? Voici leur menu.

SIDONIE *(consultant le menu)* - Ah, ça, on ne peut pas vu que Troisgros a semé la panique dans ma cuisine et que tout est cul par dessus tête. Dame cette brave bête, à qui y faut pas toucher un poil.

CORINNE - Sidonie ça suffit, le chapitre est clos, que proposez vous pour ces messieurs ?

SIDONIE - S'ils peuvent attendre deux heures, je leur mitonne ce qu'ils veulent mais …

CORINNE - Deux heures, c'est pas possible il vont s'impatienter, mais dites-moi si, vous leur faisiez chauffer les bocaux que nous a apporté Thérèse Blizard ?

SIDONIE - Ces machins-là, j'ai pas confiance et puis ma réputation de cuisinière s'en ressentirait, j'ai pas envie qu'on dise de moi la même chose que…

CORINNE - Sidonie ! Ce sont des gens de passage, on les reverra jamais, le principal c'est que Mault et Guillot soient bien servis. Ce sont eux qui donnent les épis de maïs, pas les deux autres, qui, soit dit entre nous, ne sont pas du tout sympathiques, ils regardent partout, ils ont l'air chafouin…

SIDONIE - Si ça se trouve c'est les bandits qu'on recherche.

CORINNE - Raison de plus pour se débarrasser d'eux au plus vite.

SIDONIE - Vous avez raison, les conserves de la mère Blizard feront l'affaire. J'y vais. *(Elle sort.)*

CORINNE - Je ne lui raconte rien, avec sa grande langue elle est capable de tout flanquer par terre. *(Elle compose un numéro de téléphone.)* Vincent mon garçon, c'est Corinne, j'ai besoin de toi rapidement. Tu passes par la cuisine et tu m'attends. *(Elle raccroche, tandis que Marcel et Roger entrent.)*

MARCEL - Nous nous sommes permis de leur montrer où étaient les toilettes.

CORINNE - Vous avez bien fait, je vous en remercie, mais maintenant je vous apporte le plat de résistance. *(Elle sort.)*

ROGER - J'ai l'impression d'habiter ici depuis toujours, ça te dirait pas d'ouvrir un resto ?

MARCEL - T'as de l'oseille pour acheter un resto toi?

ROGER - Ben non, j'avais pas pensé à ça, faudra qu'on se fasse une banque.

MARCEL - Une banque ! On loupe tout, on ferait mieux de raccrocher.

ROGER - On va vivre de quoi alors ?

MARCEL - J'y réfléchis, mon vieux, j'y réfléchis.

Entre Corinne avec le plat suivant.

CORINNE - Voilà, messieurs : carré de porc au cidre, je vous sers du Juliénas avec ?

ROGER - Allons-y pour du Juliénas.

Elle sort.

C'est quoi du Juliénas ?

MARCEL - Du vin, du vin de Beaujolais, ce que t'es nouille !

ROGER - Moi quand je veux du vin je demande un coup de rouge ou un coup de blanc, je ne fais pas de manières.

Entre Corinne avec la bouteille de vin.

CORINNE - Voici messieurs, lequel veut goûter ?

ROGER - Les deux, on veut même tout boire.

CORINNE - Mais j'espère bien. *(Elle sert, Marcel déguste, Roger avale tout d'un coup.)*

ROGER - Vous pouvez nous faire le plein et pas de faux col, hein !

Tandis qu'elle sert, Mault et Guillot entrent.

MARCEL *(faisant tourner son vin dans le verre)* - Il a une jolie robe… comme vous madame

CORINNE - Merci monsieur.

MARCEL *(il goûte)* - Il a de la cuisse.

ROGER - Comme vous madame. *(Coup de poing de*

Marcel et tête de Corinne.)

CORINNE *(s'adressant à Mault et Guillot)* - Messieurs, désirez-vous un apéritif ?

MAULT - Non merci, nous avons passé commande et nous aimerions être servis rapidement.

CORINNE - Bien sûr messieurs, la cuisinière s'en occupe, mais dites-moi vous n'êtes pas de la région ?

MAULT - Nous sommes de passage.

CORINNE - Bien sûr, bien sûr, vous êtes en vacances ?

MAULT - Plutôt en service commandé.

CORINNE - En service commandé ?

MAULT - Oui, aujourd'hui ici, demain là, ou peut-être ailleurs.

GUILLOT - Hé oui, nous avons besoin d'évasion.

CORINNE - D'évasion, oui je comprends et pourquoi avez-vous choisi mon établissement ?

MAULT - Il est retiré dans la campagne, avec mon collègue nous nous sommes dits, allons nous y mettre au frais.

CORINNE - Au frais, oui, oui, oui…

GUILLOT - Permettez-moi de nous présenter : je suis Guillot et voici mon collègue Mault.

CORINNE - Oui, oui c'est ça Mault et Guillot. *(À Marcel et à Roger.)* Vous entendez ça messieurs, nous avons devant nous Messieurs Mault et Guillot.

Roger *(qui s'éponge)* - Pour avoir entendu, on a entendu, on ne s'attendait pas à ça, pas vrai Marcel ?

Marcel - Ah ça pour une nouvelle !

Roger - Eh bien c'est pas une bonne nouvelle.

Corinne - Mais si, messieurs, je vais voir où en est votre commande. *(Elle sort.)*

Mault - Habituellement quand on annonce qui nous sommes, c'est l'effervescence dans la maison, ça n'a pas l'air de lui faire de l'effet.

Marcel - Si, si, elle cache son jeu et nous aussi on est troublés, pas vrai Roger ?

Roger - Ça me donne soif une affaire pareille.

Marcel - Doucement, ça te rend bavard l'alcool.

Guillot - Et la jeune femme qui nous a reçu, qui est-ce ?

Roger *(buvant)* - La sœur de la patronne, mais elles sont brouillées en ce moment, c'est pour ça qu'on est là, elle veut faire croire à sa frangine… Aïe *(Coup de coude de Marcel.)* Aïe

Marcel - Que des vessies de cochon ça fait des lanternes, Roger nous sommes tenus au secret, n'oublies pas.

Entre Corinne.

Corinne - Voici votre premier plat messieurs, bon appétit.

Mault - Pourrions nous avoir la carte des vins ?

CORINNE - Bien sûr, la voilà.

GUILLOT - Quelle drôle d'odeur, ce ne sont pas des écrevisses.

CORINNE - Nous avons pensé, la cuisinière et moi, que des produits plus spécifiques à la région vous plairaient davantage.

MAULT - Et qu'est-ce ?

CORINNE - Pâté de hérisson avec sa terrine de pourpier à l'ail.

MAULT - Vous êtes sûres que c'est bon ?

CORINNE - Sûres et certaines.

GUILLOT *(goûtant)* - Mais c'est horrible, madame, ou vous nous servez ce que nous vous avons commandé, ou je serais au regret de faire une très mauvaise publicité à votre établissement.

CORINNE - Vous faites ce que vous voulez, ça m'est égal.

MAULT - C'est bien la première fois que j'entends ça.

Entre Vincent un revolver à la main.

VINCENT - Allez, les mains en l'air

Vous voyez, j'ai un revolver

Si vous bougez, je m'en sers

Donc un conseil, restez pépère.

GUILLOT - Madame, rendez vous compte de ce que vous faites.

CORINNE - Mais oui, je m'en rends compte, je téléphone à la gendarmerie et on verra bien si vous faites toujours les malins.

MAULT - Madame, attention à vous, nous sommes très connus, nous sommes, je vous le répète, Mault et Guillot.

CORINNE - Et moi je suis Bernadette Chirac, Vincent tiens-moi ce joli monde en respect, j'appelle la police.

ROGER - Ah non pas la police ! *(Il s'éponge.)*

MARCEL - Pourquoi voulez-vous appeler la police ?

CORINNE - Parce que ce sont de dangereux malfaiteurs qui se sont évadés au cours d'un transfert.

MARCEL - Comment savez-vous que ce sont eux ?

CORINNE - Je le sais, je le sens.

ROGER - Ils n'ont pas l'air bien méchant, je serais vous je les laisserais partir sans appeler les gendarmes.

CORINNE - Vous ne comprenez pas. Imaginez la une des journaux, les malfaiteurs arrêtés par la patronne du *Cochon Solognot*, alors qu'ils menaçaient les célèbres gastronomes Mault et Guillot.

Avec une pub pareille, mon établissement est plein à craquer tous les jours, j'agrandis, j'embauche, je deviens la bienfaitrice de la région. On se bouscule à ma table, on me congratule et qui sait peut-être me décernera-t-on la légion d'honneur.

GUILLOT - Mais puisqu'on vous dit que Mault et

70

Guillot c'est nous.

CORINNE - Vous n'avez vraiment pas de chance parce que Mault et Guillot sont arrivés avant vous et ce sont eux !

MAULT - Vous plaisantez, Mault et Guillot ces guignols, les célèbres gastronomes qui font la terreur des restaurants !

VINCENT - Qu'attendez-vous pour téléphoner

Je commence à peiner

Je sens que je vais tirer

J'ai les doigts tout crispés.

MAULT - Ne tirez pas, ne tirez pas, nous préférons partir, nous vous mettrons trois épis de maïs dans notre prochain guide, mais laissez-nous partir.

CORINNE - Mais arrêtez de dire n'importe quoi, puisque Mault et Guillot ce sont eux, et je veux mon nom dans le journal, alors tenez-vous tranquilles.

VINCENT - Mais dépêchez-vous

Je vais tirer un coup

Je ne peux plus me retenir

Je sens que ça va partir.

CORINNE - Du calme, Vincent, du calme, j'appelle.

Tandis qu'elle compose son numéro Thérèse entre, Vincent surpris tire, et Mault et Guillot s'évanouissent.

THÉRÈSE - Que se passe-t-il ?

CORINNE - Nous venons, Vincent et moi, d'arrêter

deux bandits.

VINCENT - Mon dieu, j'ai tiré sur eux

D'une seule balle, j'en ai tué deux.

THÉRÈSE - Mais non ils sont dans les pommes, quelques bonnes gifles vont les réveiller. Mais c'est mon pâté de hérisson que je vois là.

CORINNE - Ils n'ont pas aimé.

THÉRÈSE - Comment ça ils n'ont pas aimé, oh, réveillez-vous les bandits ! Alors comme ça il est pas bon mon pâté ?

MAULT *(de plus en plus agité)* - C'est vous qui faites ça ? Vous pouvez jeter votre recette aux orties.

THÉRÈSE - Comment il me parle celui-là ! Écoute-moi bien bandit, en prison tu n'auras que des fayots à manger, alors profites-en. Vincent, tiens-moi ce monde en respect, Madame Corinne aidez-moi, on va les faire manger.

VINCENT - Vous savez que j'ai la gâchette facile

Alors écoutez-moi bien

Je vous conseille d'être docile

Et il ne vous arrivera rien.

MARCEL - On peut continuer à manger ?

CORINNE - Bien sûr, et si il vous manque quelque chose, n'hésitez pas à demander.

ROGER - On pourrait peut-être avoir une deuxième

bouteille de Juliénas ?

CORINNE - Dés que vous aurez terminé celle-là, je vous en apporte une et ces messieurs que désirent-ils boire ? J'ai une cuvée bien bouchonnée dont vous me direz des nouvelles.

Tandis que Vincent les tient en respect, Corinne et Thérèse s'installent à côté de Mault et Guillot pour les faire manger.

THÉRÈSE - Allez on ouvre la bouche… On veut pas ? Vincent !

Vincent tire au-dessus de leur tête et ils mangent.

CORINNE - On ne fait plus les malins, hein ?

THÉRÈSE - Allez plus vite que ça, arrêtez donc de bouger, c'est pénible à la fin.

CORINNE - Ça passe mal ? Je vais chercher du vin

MARCEL - Vous penserez à nous en revenant.

CORINNE - Bien sûr messieurs. *(Elle sort.)*

ROGER - C'est peut-être pas la peine de leur faire autant de misères.

THÉRÈSE - Des misères ? Manger ma cuisine des misères ? Des recettes que j'ai mises au point moi-même ! Attention à ce que vous dites ! Tenez, goûtez-moi ça. *(Elle en donne à Roger qui a un haut le cœur et qui sort précipitamment accompagné de Marcel.)*

GUILLOT - Madame, vous faites une cruelle méprise, nous ne sommes pas des criminels.

THÉRÈSE - Il faut être des criminels pour ne pas apprécier la cuisine que je prépare avec tant d'amour.

Corinne revient et verse le vin dans les verres de Mault et Guillot.

CORINNE - Voilà pour vous messieurs.

Elles les font boire et ils font des grimaces.

THÉRÈSE - Estimez-vous heureux, vous mangez et vous buvez gratuitement, ça ne vous arrivera pas tous les jours.

GUILLOT - Pitié, appelez la police !

CORINNE - Quand vous aurez terminé votre repas, je vais vous faire passer l'envie de recommencer.

MAULT - Ah non, je vous en prie, arrêtez !

CORINNE - Que leur donne-t-on maintenant ?

GUILLOT - Plus rien, vous allez nous rendre malades.

THÉRÈSE - Malades ! C'est qu'il est vexant celui-là alors, allez, civet de ragondin pour continuer.

Corinne sort.

THÉRÈSE - Allez, il faut finir son assiette.

MAULT - Je ne m'en remettrai jamais.

GUILLOT - On ne peut pas avoir de l'eau ?

Corinne rentre.

CORINNE - Non pas d'eau, du vin.

GUILLOT - Mais il est mauvais.

CORINNE - C'est bien pour ça que je vous le donne, allez, avouez que vous êtes les bandits recherchés.

MAULT - Mais pas du tout, c'est une horrible méprise.

THÉRÈSE - Trèves de bavardage, on mange.

GUILLOT - Je refuse d'avaler une bouchée de plus.

CORINNE - Vincent !

MAULT - Non ne tirez pas, on mange… Ah, c'est horrible. *(Ils sont au bord de la syncope.)*

MAULT - Je n'en peux plus, j'avoue tout, je suis un bandit, un voleur, un criminel, faites ce que vous voulez mais arrêtez cette torture.

CORINNE - Eh bien voilà, c'est tout ce que je voulais entendre. Maintenant j'appelle les gendarmes. *(Elle se dirige vers le téléphone tandis que Colette entre.)*

THÉRÈSE - Et mon fromage au lait de truie, il faut qu'ils y goûtent.

MAULT ET GUILLOT - Au lait de truie ! !

THÉRÈSE - Et c'est excellent.

MAULT - Je préfère finir ma vie en prison, plutôt que de manger ça.

COLETTE - Mais que se passe-t-il ? Vincent que fais-tu avec une arme ?

VINCENT - Je les tiens en respect

Car se sont les bandits

Qui se sont évadés

Et pensaient se cacher ici.

COLETTE - Eux, des bandits, mais pas du tout.

GUILLOT - Vous voyez bien.

CORINNE - Ne te mêle pas de ça, s'il te plaît.

COLETTE - Écoute, tu vas te couvrir de ridicule si tu appelles la police.

GUILLOT - Et je ferai fermer votre établissement, Madame.

COLETTE - Ne soyez pas méchant monsieur, si ma sœur vous fait des excuses, on peut tout arranger.

CORINNE - Des excuses, et puis quoi encore ?

COLETTE - Je te dois des explications.

CORINNE - Il n'y a rien à expliquer.

COLETTE - Si, ce sont eux les vrais Mault et Guillot.

CORINNE - Et les deux autres, qui sont-ils ? Sacco et Vanzetti ?

Entre Roger et Marcel.

COLETTE - Presque.

MARCEL *(qui sent que ça tourne mal)* - Minute, on est pour rien dans cette histoire.

CORINNE - Mais monsieur, personne ne met en doute votre bonne foi, ma sœur est dérangée, n'y prenez pas garde Allez Colette va te reposer, laisse faire ta grande sœur comme d'habitude.

COLETTE - Tu es têtue. Ces deux-là sont Mault et Guillot. J'ai demandé aux autres de prendre leur place pour me venger de ton autorité.

CORINNE - Et ceux-là sont d'accord ?

GUILLOT - Mais pas du tout, nous n'étions au courant de rien, n'est-ce pas monsieur Mault ?

MAULT *(qui a du mal à respirer) -* Il faudrait que j'aille prendre l'air.

CORINNE - Prendre l'air, mais c'est devenu une maladie dans la maison, ça ?

VINCENT - Je reste encore longtemps comme ça ?

Je commence à avoir mal au bras.

À ce moment entre en trombe Camille qui se jette dans les bras de Vincent.

CAMILLE - Mon héros ! Mon chéri, tu as arrêté des bandits ! Je t'adore !

CORINNE - Comment es-tu au courant ?

CAMILLE - C'est Sidonie qui m'a prévenue, elle écoute aux portes, vous le savez bien.

VINCENT - Je n'ai ni cheval, ni lasso

Mais j'accours tel Zorro

Dès le premier appel

Et pour les beaux yeux de ma belle.

CAMILLE - Ah, c'est beau ce que tu dis Vincent.

GUILLOT - Je regrette, jeune fille, mais votre ami n'a arrêté aucun bandit, il s'agit d'une monumentale erreur que je veux bien pardonner pour faire plaisir à mademoiselle, mademoiselle comment déjà ?

COLETTE - Colette, je m'appelle Colette.

GUILLOT - Voici ma carte, j'espère que nous aurons l'occasion de nous revoir dans d'autres circonstances. Je tairai cette mauvaise expérience, je sais me montrer magnanime.

ROGER - Il est quoi ?

MARCEL - Magnanime, laisse tomber Roger, je t'expliquerai.

GUILLOT - Monsieur Mault, je vous emmène.

MAULT *(se lève en titubant)* - Oui, emmenez-moi bien loin d'ici ! Loin de ces folles ! Je démissionne, je change de métier, ça devient trop dangereux, je vais finir par y laisser ma peau. *(Ils sortent, Guillot soutenant Mault.)*

RIDEAU

ACTE IV

COLETTE - Bravo, compliments, tu en as fait de belles, tu peux dire adieu pour toujours à tes épis de maïs.

CORINNE - Tu es sûre que ce sont Mault et Guillot ?

COLETTE - J'en suis sure, ils se sont présentés lorsqu'ils sont arrivés.

CORINNE - Tu ne pouvais pas me le dire ! Mais dis donc, ces deux-là qui sont-ils ?

ROGER - Nous, eh ben on est... Hé Marcel, on est qui nous ?

MARCEL - Chère madame... Voilà... Nous sommes arrivés par hasard, n'est-ce pas... Et puis voilà, nous avions faim, alors on s'est dit comme ça... voilà tiens il y a une table n'est ce pas...

ROGER - Alors on s'est mis à table et on a mangé, même qu'on attend le dessert.

CORINNE - Mais enfin qui êtes-vous ? Des gastronomes ?

79

MARCEL - On ne peut pas qu'on est gastronomes.

ROGER - Mais on ne peut pas dire qu'on l'est pas, vu qu'on mange dans un restaurant, pas vrai Marcel ?

CORINNE - Mais quel est votre nom ?

MARCEL - Moi c'est Marcel et lui c'est Roger.

CORINNE - Et votre nom de famille ?

MARCEL - Oh, ça ne vous dirait rien.

CORINNE - Je ne comprends rien, que faites-vous ici ?

ROGER - Ben on mange, c'est Madame Colette qui nous l'a dit.

CORINNE - Colette ? Dis-moi qu'est-ce que c'est que cette histoire ?

THÉRÈSE - Je vous laisse vous expliquer, je repasse tout à l'heure pour remplacer ce qui a été consommé.

CAMILLE - Nous aussi nous partons, nous avons des choses à nous dire, tu viens poète de mon cœur ?

VINCENT - Mesdames à plus tard

Camille m'accapare.

CORINNE - Bon maintenant je t'écoute.

COLETTE - Te souviens-tu que Sidonie t'a dit que des bandits s'étaient échappés d'un fourgon cellulaire ?

CORINNE - Tu ne veux pas me dire que…

COLETTE - Que ce sont eux ? Si.

MARCEL - On n'est pas méchants, vous savez.

ROGER - On n'a jamais fait de mal à personne.

MARCEL - Et puis Madame Colette nous l'a demandé si gentiment.

CORINNE - Colette, dis-moi tout avant que je me fâche vraiment.

COLETTE - C'est une vengeance, tu sais tout, tu veux mener tout le monde par le bout du nez, tu me prends pour ta boniche, alors j'ai voulu te montrer que tu étais aussi facile à berner que les autres.

CORINNE - Et tu n'as rien trouvé de mieux que des repris de justice pour faire ça. Et les deux autres qui sont partis malades. Ma réputation est à jamais fichue, je peux fermer boutique.

COLETTE - Tu vois tu ne changes pas, si tu fermes boutique, je suis sans emploi également, tu ne penses vraiment qu'à toi.

CORINNE - C'est pas possible d'entendre des choses pareilles, je préfère le bavardage de Sidonie, mais je veux que ces tristes individus aient disparus lorsque je reviendrai. *(Elle sort.)*

ROGER - Tristes individus, on ne m'avait encore jamais appelé comme ça, triste individu...

MARCEL - Te frappe pas Roger, elle a dit ça parce qu'elle était en colère. Bon, maintenant, Madame Colette vous n'avez plus besoin de nous, nous vous remercions pour ce succulent repas.

ROGER - J'aurai bien aimé manger le dessert.

MARCEL - Allez viens Roger, allons nous faire pendre ailleurs.

ROGER - Pendre, mais j'ai pas envie d'être pendu.

MARCEL - C'est une expression, je t'expliquerai, allez viens…

Ils vont pour sortir quand le téléphone sonne.

COLETTE - Le *Cochon Solognot*, j'écoute… Mais bien sûr… Pour quand ?… Oui nous avons de la place… Combien de personnes ?… Trente… Oui, oui je prends note. Ah bon, vous êtes au courant… Et comment avez-vous sû… Ah bien sûr… D'accord, au revoir madame. Eh bien dites donc, les nouvelles vont vite, figurez-vous que des gens de la centrale du coin veulent fêter la St Eloi ici.

MARCEL - Félicitations, mais trente personnes, où allez-vous les mettre ?

COLETTE - On a une grande salle de l'autre côté de la cour.

MARCEL - Je vous souhaite bon courage et je vous dis adieu.

COLETTE - Au revoir Marcel, peut-être nous reverrons-nous ? *(Le téléphone sonne.)* Encore ! Le *Cochon Solognot* j'écoute…Oui monsieur, à quelle date… Oui bien sûr c'est libre, combien de personnes ?… Dix-huit, d'accord je prends note… Ah bon, vous aussi… Oui bien sûr tout s'est très bien passé, merci, au revoir monsieur. *(Elle raccroche.)* Ça alors tout le monde est au courant que Mault et Guillot sont venus manger ici,

82

Sidonie a été colporter ça partout.

ROGER - Tant mieux pour vous, vous n'allez pas fermer boutique comme dit Corinne.

COLETTE - Non seulement on ne va pas fermer mais il va nous falloir des extras ; il faut que j'en parle à Corinne.

MARCEL - Bon, on vous laisse, vous avez du travail.

ROGER - Au revoir et vous laissez pas faire par la Corinne, hein ! *(Ils sortent.)*

COLETTE - Elle va pas en revenir la Corinne.

Camille et Vincent reviennent chacun avec une lettre à la main.

CAMILLE - Colette, vous avez devant vous une future star, je viens de recevoir une lettre me donnant rendez-vous pour un casting. *(Avec emphase.)* Tiens-toi bien Paris, j'arrive !

COLETTE - Ne rêve pas trop Camille, c'est juste pour une sélection.

CAMILLE - Mais non regardez la lettre : " Votre silhouette, votre visage correspondent tout à fait au personnage, il convient cependant de faire un bout d'essai, mais sans aucun doute vous êtes le personnage qu'il nous faut pour jouer les soubrettes. " Vous voyez, un rôle de boniche, voilà des années que le répète ici .

COLETTE - Alors, bonne chance ma petite Camille.

CAMILLE - Et vous direz à votre virago de frangine

que Camille la salue bien.

VINCENT - À mon tour maintenant

De vous conter les événements

Voilà, les éditions du Seuil

Ont imprimé mon recueil

Alors je quitte le pays natal

Et je monte à la capitale

Camille deviendra vedette

Et moi un grand poète

Nous attendions ça de la vie

Et elle nous a bien servi

Mais nous n'oublierons pas de si tôt

Les patronnes du *Cochon Solognot*.

COLETTE - J'en suis toute émue, mon petit Vincent, c'est formidable, tout s'arrange pour vous et pour nous. Le téléphone n'arrête pas de sonner pour réserver. Le passage de Mault et Guillot nous a fait une publicité inespérée.

CAMILLE - Surtout quand on pense au traitement qu'ils ont subi.

VINCENT - Allez Camille, on s'en va

Le train n'attendra pas

Chère Colette, au revoir

Nous partons vers la gloire.

(Ils sortent.)

COLETTE - C'est beau d'être jeune et plein d'ambition.

Corinne entre suivie de Sidonie.

CORINNE - Ça y est, ils sont partis les escrocs ?

SIDONIE - Je vous avais prévenue mais on veut jamais m'écouter. J'étais pourtant bien renseignée, je connais bien les gendarmes de la région, c'est des braves gens qui veulent le bien de la population. Y'en a plein qui disent du mal d'eux et ben ils ont tort parce que…

CORINNE - C'est bon Sidonie, c'est bon, la prochaine fois on vous écoutera c'est promis.

COLETTE - Tiens Corinne, regarde. *(Elle lui tend le cahier où elle a noté les réservations.)*

CORINNE - Qu'est-ce que c'est ?

COLETTE - Tu vois bien, là c'est des gens de la centrale qui viennent fêter la St Eloi et là c'est la fanfare municipale qui vient fêter la Ste Cécile.

CORINNE - Depuis quand sais-tu ça ?

COLETTE - Depuis cinq minutes, ils savent par Sidonie que Mault et Guillot sont venus, alors ça les attire.

CORINNE - Non ! ! !

SIDONIE - On pourrait peut-être me dire merci. Ah ça, quand ça ne va pas on sait bien me le dire, mais pour ce qui est des compliments, je peux me fouiller. Ah l'ingratitude quand même !

Le téléphone sonne.

COLETTE - C'est sûrement pour un repas.

CORINNE - La patronne du *Cochon Solognot*, j'écoute… Oui, attendez je regarde… Oui, oui c'est bon, combien êtes-vous ?… Dix, eh bien c'est d'accord, je vous envoie la liste des menus… Oui, oui c'est vrai, Mault et Guillot sont venus dans mon restaurant… Oui, ils étaient ravis… Des épis de maïs… Ça non je ne sais pas encore, merci beaucoup, au revoir monsieur. *(Elle raccroche.)* Je n'en crois pas mes oreilles.

SIDONIE - C'est qui, qui vient ?

CORINNE - Un dîner de cadres de la société Creuzfield Jacob.

COLETTE - Ah, les aliments pour animaux.

CORINNE - C'est ça même.

SIDONIE - C'est bien joli tout ça, mais qui c'est qui va m'aider, vous croyez tout de même pas que je vais m'en sortir toute seule.

CORINNE - En demandant gentiment à Camille peut-être que…

COLETTE - Ne compte plus sur Camille, elle est partie à Paris avec Vincent

CORINNE - Ah bon, et que va-t-elle faire à Paris ?

COLETTE - Du cinéma.

CORINNE - Du cinéma… Elle va revenir en pleurant pour travailler ici.

SIDONIE - Vous avez confiance dans les gens, vous, c'est pas croyable, et pourquoi qu'elle y arriverait pas cette petite ? Tenez, moi par exemple on n'aurait pas contrarié ma vocation eh bien, je serais pas derrière les fourneaux aujourd'hui...

CORINNE - Ah oui, et que feriez vous ?

SIDONIE - Chanteuse ! Oui madame, à la chorale, le curé y trouvait que j'avais une jolie voix, mais mes parents ont pas voulu que je continue, ils voulaient un métier d'avenir, alors je fais la cuisine, y'en a qui touchent le cul des vaches eh bien moi je touche le cul des casseroles.

COLETTE - Et vous le faites très bien.

SIDONIE - Merci Mââme Colette. Y'en a au moins une qui reconnaît ma valeur.

CORINNE - Ça ne donne personne pour nous aider tout ça.

COLETTE - On pourrait peut-être passer une annonce dans le journal local ?

CORINNE - Dans cette feuille de chou, merci bien, personne ne la lit.

SIDONIE - Si, moi ! Même qu'y a des choses intéressantes. Pas plus tard que la semaine dernière y racontait que...

À ce moment, entre en trombe Marcel et Roger. Ils sont essoufflés et couverts de sueur.

CORINNE - Que venez-vous faire ici vous deux ?

MARCEL - Colette, s'il vous plaît, est-ce que l'on peut s'abriter quelques instants ici ?

CORINNE - Pas question, vous en avez assez fait comme ça. Dehors !

ROGER - C'est pas humain, ça !

CORINNE - J'ai dis dehors !

COLETTE - Dis donc, tu ne voulais pas des extras ? Eh bien en voilà.

CORINNE - Tu plaisantes, j'espère ?

COLETTE - Pas du tout, je te fais faire des économies, le gîte et le couvert c'est tout ce qu'ils demandent.

ROGER - C'est quoi des extras ?

MARCEL - On a jamais fait ça nous !

CORINNE - Tu fais ce que tu veux, tu en prends la responsabilité, mais je te préviens je ne veux pas d'histoires !

COLETTE - Vous avez entendu, vous pouvez rester.

ROGER - Mais c'est quoi des extras ?

CORINNE - Venez Sidonie, nous avons mieux à faire à la cuisine, quant à toi, tu ne pourras plus dire que je gère tout, je te laisse le champ libre.

SIDONIE - Mais vous vous rendez pas compte ! Des voleurs ! Ils vont tout nous piquer ! Y aurait que moi je te les mettrais à la porte, je voudrais pas de voyous chez moi ! Ah ça non alors ! Surtout lui, là. *(Elle montre Roger.)*

Il a pas l'air franc, je dirais même qu'il me fait peur.

CORINNE - Sidonie, nous allons à la cuisine, Colette sait ce qu'elle fait.

SIDONIE - Hé ben, moi j'en suis pas si sûre.

Elles sortent.

MARCEL - Merci Colette, vous nous avez sauvé la vie.

COLETTE - C'est la dernière fois, je vous préviens il va falloir travailler.

ROGER - Hein ! Travailler ! Mais on sait pas faire ça, nous !

MARCEL - On apprendra ! On commence par quoi ?

COLETTE - Tout d'abord, il faut débarrasser tout ça puis il faut aider Sidonie à éplucher les légumes. Tiens, j'y pense ! Si vous restez on pourra refaire le potager. Nous avons une vieille vigne, vous pourrez vous en occuper, la tailler, récolter le raisin, nous avons un vieux pressoir, vous pourrez remettre le tout en état, puis faire le vin, ce serait bien si nous avions nos propres légumes, notre propre vin, les clients apprécieraient.

ROGER - Ben dis donc, on va être crevés le soir !

COLETTE - Eh bien vous irez vous coucher et vous ne penserez pas à faire des bêtises.

MARCEL - Et on va coucher où ?

COLETTE - Nous avons une vieille étable dehors, nous pensions en faire des chambres un jour ou l'autre. Vous n'aurez qu'à la retaper pour vous.

MARCEL - Encore du boulot en plus !

ROGER - Et ça va puer le cochon là-dedans ?

MARCEL - Dans une étable, c'est des vaches.

ROGER - Alors ça va puer la vache, moi je veux pas sentir la vache.

MARCEL - Quand tu te raseras, tu te mettras de l'after chèvre, comme ça tu sentiras pas la vache.

COLETTE - Mais j'y pense, on pourrai aussi faire notre propre basse cour, canards, pintades, poulets !

ROGER - Poulets ! Moi, éleveur de poulets. Jamais !

COLETTE - Mais pourquoi ?

ROGER - Ça fait quinze ans qu'ils me courent après, qu'ils me volent dans les plumes et qu'ils essaient de me clouer le bec, je vais quand même pas me mettre à les élever ?

MARCEL - C'est pas les mêmes.

ROGER - Je sais que c'est pas les mêmes, c'est pour le principe. Rien que d'entendre le mot poulet, ça me file la chair de poule.

COLETTE - Bon, je vous laisse cinq minutes pour en parler entre vous. A tout de suite. *(Elle sort.)*

ROGER - T'en penses quoi, toi ?

MARCEL - Ça va nous permettre de nous mettre à l'abri quelques temps.

ROGER - Ouais, mais t'as entendu tout le boulot

qu'elles veulent nous refiler, on a pas l'habitude.

MARCEL - Écoute, on se fait oublier ici, et puis quand tout sera redevenu calme, on se tire.

ROGER - T'as peut-être raison, mais dis-moi c'est quoi des extras ?

MARCEL - Ben c'est des gars comme nous…

Entre Sidonie.

SIDONIE - Hé là ! Faut pas rester comme ça à rien faire. Vous débarrassez tout ça et vous m'aidez à la vaisselle et que ça saute ! Je vais vous montrer ce que c'est le travail.

MARCEL - Ça vient, ça vient.

SIDONIE - Je vous attends à la plonge et pas dans une demi-heure, hein. *(Elle sort.)*

MARCEL - Bon, ben, faut s'y mettre. *(Il commence.)*

ROGER - La vaisselle ! C'est du travail de bonne femme ça. *(Il boit le reste de vin et met les couverts dans ses poches.)*

MARCEL - Arrête, malheureux ! Remets ça sur la table.

ROGER - Excuse-moi Marcel, l'habitude.

MARCEL - T'as envie qu'on nous mette dehors ?

ROGER - Ça va, ça va, je recommencerai plus. (Ils ramassent tout et vont dans la cuisine.) Bon, ben, on va à la plonge.

Entre Thérèse.

THÉRÈSE - Je rapporte ce qui manque, mais ils sont tous partis… Hou, hou, y'a quelqu'un ?

Entre Roger.

THÉRÈSE - Vous êtes encore là,vous ?

ROGER - Oui, Sidonie ne veut pas de moi dans la cuisine, elle dit que je prends toute la place et que j'ai de grosses mains pour faire la vaisselle.

THÉRÈSE - Parce que vous faites la vaisselle ?

ROGER - Elle ne veut pas, la Sidonie, je vous dis, j'ai de trop grosses mains pour faire la vaisselle.

THÉRÈSE - Mais pourquoi êtes-vous encore là ?

ROGER - Ben, faudrait demander à Marcel, parce que moi, j'ai du mal à expliquer.

THÉRÈSE - Il est là aussi ?

ROGER - Ben oui, il est avec Sidonie dans la cuisine, il fait la vaisselle parce que ses mains sont plus petites.

THÉRÈSE - Ben ça alors, je n'y comprends rien.

Entre Colette.

COLETTE - Alors Roger c'est décidé ,vous restez ici ?

THÉRÈSE - Ils restent ici ?

COLETTE - Oui, Corinne et moi venons de les embaucher pour nous aider. Ils vont remettre la vigne sur pied, refaire le potager, élever une basse-cour.

ROGER - Oui et puis quand on aura cinq minutes, on

va retaper l'étable, vu que c'est notre nouvelle résidence.

THÉRÈSE - Vous ne les dénoncez pas à la police ?

COLETTE - Non, nous leur donnons une chance de se racheter.

THÉRÈSE - C'est parfait, mon mari cherche quelqu'un de costaud pour arracher les patates, il pourrait faire l'affaire celui-là.

ROGER - Hé là mollo ! D'abord c'est Marcel qui décide et puis il faut demander la permission à Colette.

COLETTE - Moi je suis d'accord, le travail c'est la santé.

ROGER - La santé ? J'en sors.

THÉRÈSE - Surtout le travail au grand air. Mon mari le dit tous les jours, je vous avais apporté quelques trucs mais ce n'est peut-être pas le moment.

COLETTE - Venez, on va voir avec Sidonie. *(Elles sortent.)*

ROGER - Ben et moi, on m'oublie. *(À ce moment le téléphone sonne.)* Téléphone ! ! ! *(Un temps puis.)* Y'a le téléphone qui sonne… *(Il hésite puis décroche.)* Allô, oui madame vous êtes au *Cochon Solognot*…Ah non c'est pas Corinne, c'est pas Colette non plus. C'est Roger !… Pourquoi c'est Roger ?… Ben… c'est trop long à vous expliquer et puis Marcel y vous dirait ça mieux que moi… Qui c'est Marcel ? Ben c'est mon copain, c'est avec lui qu'on fait des coups, enfin je veux dire c'est avec lui qu'on… Oh et puis zut, vous appelez pour quoi ?…

Pour retenir une table ? Fallait le dire tout de suite ! Bien sûr qu'on peut on est là pour ça, et puis maintenant que Marcel il aide Sidonie y'a pas de problème. Vous êtes huit eh ben c'est bien, je vais faire la commission… Au revoir, madame. *(Il raccroche.)* C'est pas plus dur que ça.

Entre Thérèse et Colette.

THÉRÈSE - Au revoir Colette, au revoir mon gaillard, je vous attends pour les patates.

ROGER - Y'en a grand à arracher ?

THÉRÈSE - Quarante hectares, vous aurez de quoi vous amuser et tout à la main. Pas de machine, mon mari dit : y'a tellement de pays où tout les gens meurent de faim qu'il ne faut pas esquinter la nourriture. Allez, à plus tard. *(Elle sort.)*

ROGER - Y'a quelqu'un qui a téléphoné pour retenir une table pour huit personnes.

COLETTE - Pour quand ?

ROGER - J'ai pas pensé à lui demander.

COLETTE - Et comment s'appelle-t-elle ?

ROGER - J'ai pas pensé à ça non plus.

COLETTE - Ça va pas être facile.

ROGER - Elle va rappeler.

COLETTE - C'est à souhaiter, si Corinne apprend ça, elle va râler.

Entre Marcel.

94

MARCEL - C'est pas possible de travailler avec Sidonie, elle arrête pas de jacasser… et le beau frère, et la cousine, et le boucher, et… c'est bien simple je ne sais plus où j'en suis.

ROGER - Tu sais que je vais aller arracher les patates chez la Thérèse ?

MARCEL - T'as intérêt à emmener un casse-croûte, si tu ne veux pas qu'elle te refile ce qu'elle a fait manger aux gastronomes.

ROGER - Ouais, j'ai pas envie d'être malade.

COLETTE - Savez-vous où est Corinne ?

MARCEL - Elle est dans l'étable, elle veut voir si on peut y dormir cette nuit.

COLETTE - Ah bon, je vais la retrouver. *(Elle sort.)*

MARCEL - On est pas si mal que ça ici, mon petit Roger.

ROGER - Pourvu que ça dure. *(Le téléphone sonne.)* Encore ! Tu réponds, Marcel ?

MARCEL *(hésitant)* - Tu crois ?

ROGER - En tout cas, je réponds pas.

MARCEL - Bon, je me lance. Allô, bonjour monsieur, oui, vous êtes bien au *Cochon Solognot*, non, ces dames sont absentes pour le moment… je suis l'extra, oui vous comprenez, en ce moment ici il y a beaucoup de travail, ces dames ont eu besoin de personnel… Oui monsieur, je pense que c'est libre… C'est à quel nom ?… Hein ?… *(Il raccroche précipitamment.)*

ROGER - Qu'est-ce qui t'arrive ?

MARCEL - C'est la gendarmerie qui veut faire un banquet ici.

ROGER - Et tu leur a raccroché au nez ?

MARCEL - T'aurais fait quoi, toi ?

ROGER - Je ne sais pas, mais ils vont peut-être trouver ça louche.

MARCEL - On va demander à Colette de nous rattraper le coup.

ROGER - Comment ça ?

MARCEL - Arrêtes de me poser des questions, on verra avec Colette.

ROGER - Je commence à avoir chaud, moi.

MARCEL - J'ai pas froid non plus. *(Entre Colette et Corinne.)*

CORINNE - C'est tout ce que vous faites ?

MARCEL - On attend les ordres.

CORINNE - Sidonie ne vous a pas donné de travail ?

MARCEL - Je veux bien travailler avec Sidonie, mais avant il faut lui mettre un bâillon.

ROGER - Tu devrais dire pour le coup de téléphone.

CORINNE - Dire quoi ?

MARCEL - Rien, rien.

COLETTE - Il y a eu un nouveau coup de téléphone ?

ROGER - Oui, les gendarmes.

CORINNE - Et que voulaient-ils ?

MARCEL - Faire un banquet ici.

CORINNE - Formidable !

MARCEL - Oui mais…

COLETTE - Mais quoi ?

ROGER - Il leur a raccroché au nez.

CORINNE - Pourquoi ?

MARCEL - Pourquoi, pourquoi ? J'ai paniqué voilà pourquoi.

CORINNE - Je vais les rappeler.

ROGER - On peut pas servir les poulets.

MARCEL - Y vont nous reconnaître, notre signalement a été diffusé partout.

CORINNE - Mais non, avec une veste blanche et un nœud papillon, vous ne serez plus les mêmes.

ROGER - Je vais trembler comme une feuille.

COLETTE - Un peu de courage, que diable. Si on vous dit qu'ils ne vont pas vous reconnaître c'est qu'on le sait. Ils n'ont pas la réputation d'être très malins les gendarmes de notre petite ville.

CORINNE - Ils viennent pour manger et boire, pas pour arrêter des voleurs.

COLETTE - Et croyez-moi, ils mangent et ils boivent.

CORINNE - Tu les rappelles Colette ?

COLETTE - Si tu veux.

CORINNE - Tu es plus aimable que moi.

COLETTE - Ça je le sais, mais je trouve que tu t'améliores.

MARCEL - Moi je vous trouve charmante Mademoiselle Corinne.

CORINNE - Merci Marcel.

ROGER - Moi je préfère Colette.

COLETTE - Merci Roger. Bon je les rappelle. Allô, la gendarmerie… Oui c'est Colette du *Cochon Solognot*… Oui, je sais mais vous avez été coupé, alors c'est pour quoi exactement ?… Ah bon… Quel jour ? … Oui bien sûr… Je vous attends pour choisir le menu… Au revoir mon adjudant.

MARCEL - Alors ils viennent vraiment ici ?

ROGER - Oh là, là ! Ce que j'ai chaud !

CORINNE - Pas de panique ! Pas de panique !

Entre Sidonie.

SIDONIE - Si je comprends bien il n'y a que moi qui travaille ici.

CORINNE - Et vous n'avez pas fini.

COLETTE - Figurez-vous que les gendarmes viennent fêter la Ste Geneviève ici.

SIDONIE - J'en connais deux autres qui vont être à la fête.

MARCEL - Pour être à la fête on va être à la fête.

ROGER - Et c'est bien la première fois qu'on va faire la fête avec les poulets ! Ça me fait peur.

SIDONIE - Et combien sont-ils à ce banquet ?

COLETTE - Vingt-deux.

RIDEAU

Imprimé à la demande par Libri Plureos GmbH, Bad Hersfeld, Allemagne

Première édition, dépôt légal : avril 2003
N° d'édition : 022403
ISBN : 2-84422-322-2